中小学生不得不读的故事丛书

让青少年知道
勤奋好学的故事

本书编写组◎编

每一个好故事，都会带你种下完美人生的种子；每一个好故事，都是我们领悟人生的一盏明灯；每一个好故事，都是我们人生的一块基石。它给我们智慧的启迪，让我们抓住希望。对今天更加珍惜，对明天充满自信！

世界图书出版公司
广州·北京·上海·西安

图书在版编目（CIP）数据

让青少年知道勤奋好学的故事 /《让青少年知道勤奋好学的故事》编写组编. —广州：广东世界图书出版公司，2010. 3（2024.2 重印）

ISBN 978 - 7 - 5100 - 1507 - 6

Ⅰ. ①让… Ⅱ. ①让… Ⅲ. ①品德教育 - 中国 - 青少年读物 Ⅳ. ①D432. 62

中国版本图书馆 CIP 数据核字（2010）第 033770 号

书　　名	让青少年知道勤奋好学的故事 RANG QINGSHAONIAN ZHIDAO QINFEN HAOXUE DE GUSHI
编　　者	《让青少年知道勤奋好学的故事》编写组
责任编辑	黄晓霞
装帧设计	三棵树设计工作组
出版发行	世界图书出版有限公司　世界图书出版广东有限公司
地　　址	广州市海珠区新港西路大江冲 25 号
邮　　编	510300
电　　话	020-84452179
网　　址	http://www.gdst.com.cn
邮　　箱	wpc_gdst@163.com
经　　销	新华书店
印　　刷	唐山富达印务有限公司
开　　本	787mm × 1092mm　1/16
印　　张	10
字　　数	120 千字
版　　次	2010 年 3 月第 1 版　2024 年 2 月第 11 次印刷
国际书号	ISBN　978-7-5100-1507-6
定　　价	48.00 元

前 言

FOREWORD

勤奋好学是求知启智的根本途径，也是育人成才的重要条件。

古人云："学无止境。"学习是人类在认识与实践过程中获取经验和知识，掌握客观规律，使身心获得发展的社会活动。学习的本质是人类个体和人类整体的自我意识与自我超越；学习也是人类文明延续和发展的桥梁和纽带。

勤奋好学包括"勤奋"和"好学"两个方面。所谓"勤奋"，指的是做事努力不懈；"好学"，指的是喜爱学习。勤奋好学就是说努力学习。人非生而知之者，一个人的学识，不是生来就有的，也不会凭空产生，只有经过后天的刻苦学习才能获取。古人云："勤能补拙是良训，一分辛苦一分才。"勤奋能使人变得聪明。无可否认，人的智力是有差异的，但起作用的还是后天学习。我们说的知识、才干、经验，都是通过后天的学习和实践获得的。

翻开历史，纵览古今中外，凡是卓有成就的，都是通过勤奋好学这条共同道路而取得的。他们都是十分重视勤奋好学的价值和意义的，并将其视为治学、求知、建业、立国的根本。为了学《易》韦编三绝的孔子，凿壁借光的匡衡……正是由于他们不懈的努力，刻苦的学习，才使他们学有所成。他们的故事，都生动地展示了勤奋好学的精神、品格和境界。

学习是一辈子的事，"活到老，学到老"。要想成功，就得超越；要超越，就得在现有的基础上解放思想，改革创新，就得学习。所以说，学习要永远保持谦虚谨慎的态度、积极进取的心态，不断的超越自我，去争取人生的最大成就。

在科学发达的今天，对于我们每个人来说，所谓精神上的充实与满足，首先表现出来的应该是文化知识的厚度。对于以学习为主要任务的学生来说，在吸收人类文化的过程中，都会明白，学问的充实，功底的深厚，精神的丰富，都与青少年时期的勤奋是分不开的。可以说，知识的获取必然是勤奋的结果。

学习，是社会迫切的需求，不学习就要落后，落后就要挨打。少年兴则国兴，少年强则国强，少年有希望则国就有希望。青少年是国家的未来，肩负着社会主义建设的重任。社会的发展，时代的进步，需要高素质的人才，所以，青少年朋友要从小严格要求自己，从现在做起，从点滴做起，勤奋学习，不断进取。长江后浪推前浪，一代新人换旧人。今天的青少年，可能就是明天的学者、专家。有志者，事竟成。只要我们不懈努力，什么奇迹都会创造出来。

本书共分“乐学好学”、“刻苦勤学”、“勤学苦练”、“立志勤学”4个部分，精选了古今中外勤奋好学的故事。希望通过阅读本书，能更好地帮助青少年朋友养成勤奋好学的好习惯。用知识来充实自己，武装自己，做一名合格的社会主义事业接班人。

目录

CONTENTS

勤学苦练

立志勤学

乐学好学

孔子学而不厌

学而不思则罔，思而不学则殆。

——《论语》

孔子（前551—前479），名丘，字仲尼，春秋时鲁国（今山东）人，是中国古代杰出的思想家和教育家。他多才多艺，学识渊博。

孔子很小的时候父亲就去世了，家境贫寒，他不能受到良好的教育，只好通过自修来获得知识。他从15岁起开始发愤读书，因为没有人教，在学习上碰到难题，就多方面向人请教。他问过作官的人，也问过普通人，问过白发苍苍的老人，也问过年龄不大的儿童。他说过："三人行，必有我师焉。"

孔子学习兴趣很广，从不放过任何一个求知的机会，而且无论学什么，都要求个明白。他成年后，离家到各地去游历，开阔了眼界，也增长了知识。

有一次，他去参加太庙（古代帝王祭祖的家庙）里的祭祀典礼，因为是第一次参加，样样都觉得新鲜，不停地向人打听。等到祭祀完毕，他还是抓住别人的衣袖不放，非问个明白不可。别人看到他老是打破沙锅问到底，就说他是“每事问”。

孔子十分好学，他常说：“在学习的时候，我从来不会感到厌倦。”一次，他向音乐家师襄子学弹琴，先学习一支曲子，练了十来天，还在不停地练。师襄子催了他好几回，叫他学习新的曲子，孔子都不同意。开始，他说还不懂技法，掌握技法后又说没体会出这乐曲的思想意境。后来，师襄子对他说：“你已经弹得很有感情了，可以学新曲子了。”而孔子却说：“我还弄不清作曲家的为人呢。”

孔子年老的时候，回到家乡从事编书和讲学。虽然很忙，但他仍然坚持学习。有一次，他得到一部《周易》。这是一本最难懂的古书，许多人都不敢去研究它。但是，孔子决心要读懂弄通。他把用竹木简写成的几十斤重的《周易》抱回家去，逐字逐句仔细阅读，一遍不懂，就读第二遍，还不懂就读第三遍。这样读来读去，因为读的遍数太多了，把串联竹木简的牛皮带子都给磨断了多次。最后，他到底把这部书读懂了，并向别人详细地介绍了这部书的内容。

因为孔子读《周易》多次翻断了牛皮带子，后来的人就把这个故事编为一句成语，叫做“韦编三绝”，以此来形容勤奋学习的精神。

孔子学而不厌、刻苦勤奋的学习精神为后人做出了典范。

董仲舒三年不窥园

不知道自己的无知，乃是双倍的无知。

——柏拉图

董仲舒（前179—前104），汉代思想家、哲学家、政治家、教育家。

汉代广川郡（今河北省衡水市景县广川镇）人，是一位与时俱进的思想家，也是西汉时期著名的唯心主义哲学家和今文经学大师。

董仲舒自幼天资聪颖，少年时酷爱学习，读起书来常常忘记吃饭和睡觉。其父董太公看在眼里急在心上，为了让孩子能歇歇，他决定在宅后修筑一个花园，让孩子能有机会到花园散散心、歇歇脑。

第一年，董太公一边派人到南方学习，看人家的花园是怎样建的，一边准备砖瓦木料。头一年动工，园里阳光明媚，绿草如茵，鸟语花香，蜂飞蝶舞。姐姐多次邀董仲舒到园中玩。他手捧竹简，只是摇头，继续看竹简，学孔子的《春秋》，背先生布置的诗经，丝毫没有在意正在建设的花园。

次年，小花园建起了假山。邻居、亲戚的孩子纷纷爬到假山上玩。小伙伴们叫他，董仲舒仍是一动不动低着头在竹简上刻写诗文，头都顾不上抬一抬。

在随后的第三年，后花园建成了。亲戚朋友携儿带女前来观看，都夸董家花园建得精致。父母叫仲舒去玩，他只是点点头，仍埋头学习。中秋节晚上，董仲舒全家在花园中边吃月饼边赏月，可就是不见董仲舒的踪影。原来董仲舒趁家人在赏月之时，又找先生研讨诗文去了。

随着年龄的增长，董仲舒的求知欲愈渐强烈，他遍读了儒家、道家、阴阳家、法家等各家书籍，终于成为令人敬仰的儒学大师。

公元前134年，汉武帝下诏征求治国方略。儒生董仲舒在著名的《举贤良对策》中系统地提出了“天人感应”、“大一统”学说和“罢黜百家，独尊儒术”的主张。董仲舒认为，“道之大原出于天”，自然、人事都受制于天命，因此反映天命的政治秩序和政治思想都应该是统一的。他把儒家的伦理思想概括为“三纲五常”。汉武帝采纳了董仲舒的建议，儒学开始成为官方哲学，并延续至今。

黄霸狱中学而不厌

学问是苦根上长出来的甜果。

——李嘉图

黄霸（？—前51），字次公，西汉年间淮阳阳夏人。他为官清廉，为人正直，是当时著名的清官，深受老百姓的拥戴。

在汉宣帝初年（公元前73前），皇帝下诏书为汉武帝立庙宇，并让满朝文武大臣们商议。讨论中，大臣们认为皇帝的这个主意很好，但一老臣夏侯胜却表示反对，他说："汉武帝虽然有开疆扩土的功劳，但他生活非常奢侈，滥杀无辜，强征于人民，使得'天下虚耗，百姓流离'，既然'无德泽于民'，当然就不应该给他立庙宇。"黄霸当时正任丞相长史的官，遂也参加了讨论。他对老臣夏侯胜的议论很有几分赞许，所以既没有当场制止，事后也没有向皇帝劾奏。结果，夏侯胜被加上"非议诏书，诽谤先帝，大逆不道"的罪名，被抓入狱。而黄霸也被追加上了"附和、纵容逆臣夏侯胜"的罪名，和夏侯胜关在一起，准备处以死刑。

夏侯胜在当时是一个研究《尚书》的专家，很有名气。黄霸虽然知道已被判处死刑，但觉得和这么一位专家在一起，实在是一个难得的学习机会，便主动请教夏侯胜给讲解一下《尚书》。夏侯胜觉得研究《尚书》已无什么实际意义，便婉言劝说："你我说不定明天就会被推出去砍头，讲《尚书》有什么用呢？"黄霸求知心切，笑了笑说："孔子不是说过'朝闻道，夕死可矣！'如果能够抓紧时间多学一点东西，在被砍头的时候，也心情快慰呀！"夏侯胜被黄霸的这种热爱学习的精神感动了，答应了他的请求。

从那以后，黄霸和夏侯胜时而讲书，时而共同讨论。在三年的牢狱生活中，一个教而不厌，一个学而不倦，都没有虚度光阴。后来被放出狱时，两个人的学问都有了很大的长进。

高凤学而忘麦

学而不厌，诲人不倦。

——《论语》

东汉时期，在南阳叶县（今河南叶县南）出了一个很有名望的儒生，他的名字叫高凤。

高凤，字文通。他出生在一个穷人的家里，从小就酷爱学习，经常是学着学着就忘记了吃饭和睡觉，总得家人收了他的书，他才勉勉强强地答应下次不再这样。可等下一次碰到一本好书，他的老毛病就又犯了。家人拿他是一点办法也没有。靠着勤学苦练，他十几岁的时候，就已经成了一个远近闻名的学者。

当时，很多人读书都抱有一个目的，那就是升官发财。但高凤生性淡泊，视功名利禄如粪土，死活也不肯去应考。有一次，高凤的一个好朋友特意来拜访高凤。他对高凤说："你的才识在我之上，进入仕途完全不在话下。你为什么不也去试一试呢?"

高凤笑了笑，说："我读书只是为了学知识，并不是想升官发财。况且，考虑如何当官不仅得花去我很多时间，而且还会限制我读书的范围。"

高凤成家后，仍不辍于学。他白天在村里学堂教书，回到家里还得批改作业，有时还要忙忙地里的活。每天剩下来给他读书的时间并不多，但他仍然利用一切空余时间来读书。晚上自然是他学习的最佳时间，每天半夜时分，他的小屋里的灯光还依然亮着；早晨天还未亮，他又起身读书了。他读书真是达到了废寝忘食的境界。

有一年夏天，地里的麦子刚收完，天就下起了大雨，而且一下就是好几天。麦子潮湿了，不能直接存在仓里，不然时间长了会发霉。好不容易等到了一个晴天。一大早，他和妻子就一起在门前的平地上铺上席子，把麦子摊开在席子上，想好好晒晒。吃过早饭，妻子又要去忙地里的活，就把看麦子的活交给了高凤。妻子知道高凤是个书迷，担心他看书入迷，会把看麦子的事给忘了，临走前还特意叮嘱他："一定要小心啊！这可是咱们全家一年的口粮呀！千万不要让鸟儿给糟蹋了。多注意一下天气，看要变天了，就赶忙收起来。"

高凤拍了拍胸脯，向妻子保证说：

"唉，不就是看看麦子吗？没问题！你尽管放心走吧！"

妻子看看他，眼里仍是存有一丝疑虑，可又没办法，只好走了。可刚抬腿，正好看见门边放着一根竹竿，就拿过来，递给高凤说："正好，有了这个东西，也省得你来回跑动。"妻子说完话就走了。

高凤还真听话，妻子前脚刚一出门，他后脚就到了院子里，在平地上、席子周围走来走去。看见有鸟儿向院子里飞来，还没等鸟儿落地，他就嘴里一边喊着，一边用手中的竹竿向半空中挥舞。鸟儿看见高凤好厉害，都不敢飞下来。高凤见状，暗自高兴。可只来回走了几趟，他就有些累了。看看也没有鸟儿敢来，他就回屋搬了个小凳放在树下，自己则面朝着麦子坐下来，把竹竿放在椅子旁边。他眼睛盯着麦子，偶尔用手持着竹竿在麦子上面来回晃几下。开始他还觉得挺有意思，可干着干着，又觉得没意思了。他的书瘾又犯了！

他想回到屋里去拿本书来看，可想起刚才妻子对自己说的话，没敢动。待了一会，他又想去拿书，可一想到自己刚才对妻子下保证时的样子，忍住了，又过了一会，他实在忍不住了，又看看左右上下没有什么鸟儿，就下了决心，跑回屋子里找了一本书来看。开始的时候，他还记着看麦子的事，看一会儿书，就抬起头来看一下麦子，看见有鸟儿啄食，就给它赶开。可到后来，他完全沉浸到书中去了，把看麦子的事全都抛到了脑后。鸟儿们看见高凤已经放松了对它们的“警戒”，高兴极了，一窝蜂地跑到麦子上，尽情地享受起来。可是吃着吃着，就听到高凤突然大喝一声：“太好了!”这下可把鸟儿们给吓坏了，它们“哄”地一下全飞跑了。可回头看看，也没有什么动静呀。原来，是高凤读书读到精辟处，忘情地喊了出来。这下，鸟儿们算是放心了，它们又飞回麦子上吃起来。

天有不测风云。刚才还是好好的天，一下子又是乌云密布了。眼看着就要下大雨了。可高凤却一点也没有感觉到，他还在专心致志地看着书。他的妻子在田里干活，看看变了天，知道又要下雨了，心里想着家里晒着的麦子，就急忙收了工，快步往回走。可刚走到半道，就猛听得“轰”地一声，天上闪过一道亮光，紧接着就是大雨倾盆而下。等妻子赶到家里，推门一看，完了，完了，麦子全泡在了水里，满院子到处流。再看高凤，却还在树下捧着书，一边看，一边还念念有词：“逝者如斯夫……”

高凤一生不愿为官。由于他名望很大，太守曾几次召请他进京，都被他婉言谢绝了。后来，将作大匠（朝廷管土木营建的官）任隗举荐他，在进京赶考的半道上，他又借故有病逃了回来。以后，他一直隐居在乡里，直到最后老死。

邴原戒酒游学

少年易老学难成，一寸光阴不可轻。

——朱熹

东汉末年，豺狼当道，虎豹专权，朝廷内外一派腐败。国家四分五裂，战争连年，灾荒不断，老百姓生活在水深火热之中。

当时，在北海朱虚（今山东临朐东）一带，有一个穷孩子叫做邴原。因为家里穷，交不起学费，所以他到11岁的时候，还没有读过书。那一年，正好他的父亲又死了，从此，他就更无依无靠了。

在离邴原家不远的地方有一个小学堂。有一关早晨。邴原背着一个打猪草的箩篼往村外走，正好路过那个小学堂。邴原看到好多比自己还小的孩子在那里读书，非常羡慕，想想自己的遭遇，他不由伤心地哭了起来。哭声惊动了老师，在听了他的讲述之后，老师决定让他来学堂读书。

从此，邴原进了学堂，和其他小孩子一起学习。由于他读书非常刻苦用功，又肯听老师的话，所以，他只用了一个冬天的时候，就能够熟练地背诵《孝经》和《论语》这两部书了。

邴原在学堂里虽然学到了不少的东西，但是他自己认为，书本上的知识还是很有限的，他想到外地去游学，以开阔视野。

等他长大成人后，他就收拾好行李，告别了老师和朋友，准备远行了。邴原是个很会喝酒的人，临行前，他担心自己因饮酒而误了学业，特地下了决心要戒酒。在游学途中，他背着沉重的书箱，徒步行走在山涧草丛里。他不辞辛劳，跋山涉水，到处寻师访友。在陈留，他拜韩子助为师；到了汝南，他又和孟博交上了朋友；在颖川，他向陈仲弓请教；在涿郡，他和卢子干在一起讨论，从而学到了许多闻所未闻的知识。

由于邴原勤于修身养性，对人非常和善，既尊重老人，又爱护幼者，所以他深受人们的尊敬。每到一个地方，大家总喜欢和他呆在一起。碰上什么高兴的事，就请他一起吃饭。古时男人一般都会饮酒。席间，大家也给他斟上了酒，请他喝。看着大家热情的样子，又闻着醇厚的酒香，邴原真有点忍不住了。可他一想到自己当初立下的志愿，立刻又清醒过来。所以他每次都借口说自己不会饮酒而婉言谢绝了人家的好意。时间长了，大家都以为邴原真的不会喝酒。邴原在外面共呆了八九年的时间，始终滴酒未沾。

最后，当邴原要离开朋友们，准备返回自己家乡的时候，大家又备了一桌饭菜为他饯行。为了尊重他，按照惯例，饭桌上没有准备酒。可这一次，等大家都到齐了，邴原却一反常态，当着大家的面说："我本来是一个很能喝酒的人，但我担心饮酒会分心思，从而荒废了我的学业，所以，临出来前我曾下决心戒了酒。今天我学业已成，而且明天就要离开大家，回到自己的家乡去。我很感谢大家这些年来对我的照顾，并且临别之际还，特意为我饯行。因此，今天我要和大家共饮。"于是，邴原取了酒，和大家一起举杯互相祝贺。

回到自己的家乡之后，邴原就招收了几百门徒，整日讲述礼乐，吟咏诗书。后来，在这些门徒中，还出了几十个有名望的。当时，有个叫郑玄的，与邴原同时，而且也是青州人。郑玄以学问渊博见长，邴原则以品德高洁著称。当时人们都议论说："青州有两个学派，一个是邴原学派，一个是郑玄学派，他们各有特色。"

沈驎士笃学不倦

黑发不知勤学早，白首方悔读书迟。

——颜真卿

沈驎士，南北朝时人，齐朝学者。

他自幼家贫，家里靠种地为生，有时也搞点副业，打草帘子上街去卖。由于家里生活困难，年纪很小的沈驎士就开始帮助家里干活儿。

沈驎士聪明好学，非常羡慕那些有机会到学馆上学的孩子。后来，他就恳求父母用卖草帘子赚的钱买了些书，日夜诵读。倘若遇到不认识的字，就向邻居家上学的孩子请教。他学习非常勤奋刻苦，经常在打草帘子的时候把书放在旁边，一边编织草帘子一边看书，口里还不停地诵读着。而到田间干活时，他也把书带着，有空就拿出来读上几段。由于他勤奋学习，20岁左右的时候就精通《诗经》、《论语》、《尚书》、《左传》、《史记》等书，而且他对诸子百家的著作也广泛涉猎，并逐渐成为一名了不起的学者。

元嘉年间，齐文帝让尚书仆射何尚之整理古籍，编撰五经，这需要一些学识渊博的学者通力合作才能完成，于是颁诏，访求各地有才学的人进京参与这项工作。消息传到吴兴武康县，知县就把沈辚士推荐了上去。在编撰五经的过程中，沈辚士出力最多，书成之后齐文帝非常满意，何尚之也对沈辚士渊博的学识与勤奋的工作精神赞叹不已。何尚之感慨地对朝中大臣说："想不到山野之中也有出类拔萃的学者啊！"

朝廷本想就此把他留下来在朝中任职，但他以疾病在身为由拒绝了。五经编撰完之后，他又回到吴兴武康老家。这时他的名望更高了，各地有名的学者都争着与他交流。回家之后他招收弟子，开始讲学，慕名求学的人成百上千，有的干脆把家搬到沈辚士的家乡来住，有的还在他家旁边盖起了房子，像这样的学生就有上百人。

沈辚士从少年时代至去世前夕始终笃学不倦。就在他临去世的前几年，家里着了一场大火，把他一生辛苦积攒起来的四五千卷书籍烧毁了。这是他一生的心血，其中有不少还是他亲手抄写的书籍。望着那一堆化为灰烬的书籍，他真是心如刀绞。然而他并不气馁，就在当天夜里，他又向别人借来了书籍，开始了抄写工作。这时，他已经是80岁的人了。如豆的灯光照着这位伏案抄写的白发苍苍的老人，使人在他身上看到了一个学者励志专精的优秀品格。临终前，他终于又抄写了两三千卷书籍，并著作了《周易》、《尚书》、《论语》、《老子要略》等数10卷书。

陆爽以书为良师益友

年华一去不复返，事业放弃再难成。

——白郎宁

陆爽，隋朝著名学者，魏郡临漳县人，在隋建国初期做了太子洗马。曾与宇文恺等人共同撰写《东宫典籍》70卷，对研究历史很有价值。

他自幼聪明好学，以书为良师益友，博览群书。他读书的特点是喜欢背诵。他认为只有背诵，才能掌握它的意义，并提高记忆力。9岁时，他就能背诵2000字的文章。17岁做了主簿，他好学不厌，并且经常手不释卷。他认为世上最珍贵的物品就是书，因为它是人类精神文明的财富，千金难买。他立下志愿：终生以书为师。

在北齐被北周消灭以后，周武帝听说他是个有名望的学者，就征他入京做官。当时应征的还有阳之、袁叔德等10多名学者。他们一起去京赴任。这些人带着家眷、行李，每个人身后，都是好几辆车。

可是陆爽一没带家眷，二没带大小包裹，车上却满载着书籍，大约有几千卷，这在当时是非常少见的。他说："什么都可舍弁，书一本也不能丢啊！"

到了京城之后，周武帝听到这件事很感动，非常钦佩他的人品和治学精神，以大礼接见了他。

陆爽以书做自己的老师和朋友，终生不移，终于使他的学识越来越丰富，成为当时著名的学者。

欧阳询研摹碑刻

读书之法，在循序而渐进，熟读而精思。

——朱熹

欧阳询（557—641），字信本，潭州临湘（今湖南长沙）人，楷书四大家之一。隋时官太常博士，唐时封为太子率更令，也称“欧阳率更”。欧阳询自幼酷爱书法，尤其喜欢王羲之、王献之的书法。

有一次，他在一家文房用品店发现了一本《指归图》，不由得心中十分欢喜。因为这是“二王”书法入门之书，非常难得。“店家，我想买这本书，要多少钱？”欧阳询问。

“看得出来，您很喜欢这本书，我可以少要点儿。”老店家算了一下，表情有所为难地说：“这本书原本是很贵的，少算也得三百缣（注：缣，当时代替流通的货币），怎么样？”

“店家，您要得虽然不多，价格也算便宜，但我确实没有那么多钱，现在只能付您一部分，余下的分期付给您，行吗？”欧阳询以商量而又十分为难的口气说。

店家见他诚恳，对书爱不释手，又是常来的主顾，于是爽快地说：“可以！可以！”

几十页的《指归图》，欧阳询竟研究了一个多月，这本书解决了他在书法研究和实践中产生的许多困惑不解的问题，使他一下子感到豁然开朗。

王羲之、王献之的书法，造诣高深，可是他们的源头又在哪里？欧阳询后来对这个问题进行了探讨。

有一天，欧阳询外出途中，在一座荒废的古庙前发现了一块碑，便停下来观看碑刻，字体很好，而通过落款才知道是晋代著名书法家张芝的弟子索靖所写，心中很是钦佩。

可是走了一段路后，欧阳询又想到刚才看过的碑刻，头脑里竟没留下印象，感到十分遗憾。这条路以后也不会再走了，不行，应该回去再看一下。想到此，他又快马回到古庙，认真地从前到后看了几遍，觉得字的结构、笔势等方面安排很有章法。这时，天色已经不早，他不愿离去而又不得不离去了。

欧阳询骑在马上，一边走一边想着那碑上的字。有的书中说索靖的书法像“高山中裂、水势悬流”，真是名不虚传，难怪书法名家评他的字“妙有余姿，极富变化”。欧阳询一边想，一边用手指就比划了起来。可突然又停住了，有个字的运笔方式怎么也想不起来了。还有几个草书不像草书，而带些隶书意味的字是怎么收笔的，全都忘了。他不由得勒住了马。

“不行，还是印象不深，没记住。”他想，“晋代以来，北方这种古碑很少，我纵然下次再路过这里，说不定这碑或许还不在了呢！唉，机不可失。”他又一次调转马头，回到古庙。这时，天色已晚，碑上的字已很难看清了。欧阳询只好从马背上卸下行李，准备过夜，等待天明再看。

欧阳询一连看了三天，总算把全部碑文从整体到细节，都进行了细致地研摹，融为己有，才满意地离开古庙。这回他不但记住了碑文的布局、气势，甚至连笔画、结构、笔势等也都尽皆形神在心。他不但学到了索靖的书法，而且，还摸索到了书法发展联系的线索。

欧阳询后来经过刻苦钻研，在总结各家所长与传统的基础上，创造了具有自己风格特点的有如金刚嗔目、力士挥拳、戈戟钎然、笔力刚劲的“欧体”。欧阳询的书法楷书，被称为唐代第一，对后代书法影响很大。他对我国书法发展做出了很大贡献。

刘恕谢大宴而借览群书

书卷多情似故人，晨昏忧乐每相亲。

——于谦

北宋史学家刘恕，字道原，筠州人。他是司马光编著《资治通鉴》时考证历史问题的重要协助者。

当时朝廷编写《资治通鉴》，英宗皇帝指定司马光负责，并让他挑选助手。司马光当即回答说："馆阁中文学之士诚然不少，至于专门精通史学的，据我所知，只有刘恕一个人而已！"司马光首先选中了刘恕，在修史的过程中，凡遇史实纷杂难治之处，多由刘恕处理。

刘恕从小聪颖、专心，笃爱史学。13 岁时，就从别人那里借来《汉书》、《唐书》阅读。那时的科举考试，不重视历史知识，所以一般的读书人对历史几乎茫然无知。而他注重学史，《史记》以下的正史，以至私记杂说、公文案卷，他无所不览；上下数千年的历史事件，也全都了如指掌。

有一天，他和其他一些人陪同司马光去游览万安山，看见山道旁边立着一块古碑，上面写有五代时一些将官的名字。大家都不知道他们是些什么人，刘恕却能一一说出他们的事迹始末。司马光回去一查验有关史书，果然像刘恕所说的那样。

刘恕一生勤奋好学，惜时如金。白日里，他埋头读书，家里人喊他吃饭，直到饭菜冰凉，他还顾不上吃；夜晚，自己上床之后，仍然思考古往今来的历史问题，往往通宵不眠。

刘恕家境贫寒，阴历十月还穿不上棉衣，自然无钱买书，只得靠借书、抄书来满足自己求学的需要。他甚至不远数百里外出求书借读。

一次，刘恕得悉在亳州作官的学者宋次道家中藏书丰富，就远道跑去借阅。宋次道让这位远道而来的友人住在家里，办了丰盛的酒席招待他。刘恕却对主人说：“你知道，我并不是为了享受佳肴美酒才跑到你这儿来的。这样大吃大喝，岂不误了我的正事！请把这些酒肴都撤走吧，以后不必客气。”他一进书库，立刻就被琳琅满目的图书迷住了。于是，把门一关，独自边读边抄起来。他废寝忘食，就这样坚持了十多天，把自己所需要的书本全部读完、抄完。临告别的时候，宋次道发现他的双眼都已熬得血红。

刘恕晚年患有严重的风湿病，关节疼痛难忍。在这种情况下，他还让家里人借来有关的书籍，校正、补充自己的著作。他终年仅仅47岁。但在这短短的一生中，他除协助司马光编著《资治通鉴》外，还著有《通鉴外纪》10卷和《五代十国纪年》42卷（后者今已不传）。可惜还有一些著作他尚未来得及写完，就与世长辞了。

范纯仁帐内读书

> 汝果欲学诗，工夫在诗外。
>
> ——陆游

范纯仁是宋朝人，是政治家、文学家范仲淹的第二个儿子。他虽然出生于官宦书香之家，却从来没有骄傲自大、目空一切的毛病，从小便是一个诚实谦虚、刻苦好学、努力上进的人。

由于家中藏书很多，范纯仁几乎是在书堆中长大的。为了读书，他几乎放弃了所有娱乐时间。面对这些知识财富，他真想把它们都消化吸收掉。

白天，由于家中事务的干扰，读书有时不能专心致志；夜晚，人来得少了，庭院又寂静，那可是读书的好时光。不过，在书房读书久了，家人出于照顾他的身体，常来催他上床睡觉，这样，就会屡次打断他读书的思绪。范纯仁为此很苦恼，上床睡觉吧，心中惦记着那些没有读完的书，实在是毫无睡意；如果再在书房呆下去，不仅违背了家人的好意，而且读书的兴致也会常常被打断，怎么办呢？

范纯仁想了想，他有了一个办法，那就是，每到家人快睡觉的时候，他也假意要休息了，很快便钻进蚊帐笼罩的被窝。其实，他白天已经把油灯和书藏到里面了。

假装睡了一会儿，等其他人都睡着了，范纯仁便爬起身，点上油灯，在蚊帐内专心致志地阅读起来。

就这样，他在蚊帐内读书，常常读到深更半夜。

一次，读书读得太疲劳了，范纯仁不知不觉睡了过去，一不小心，把正点着的油灯碰翻了，火很快把蚊帐点燃了，范纯仁却丝毫不觉，直到脸面被火烤得生痛才猛然惊醒过来，方知情况不妙。

幸亏当时家中人多，大家七手八脚扑打，才把火扑灭。由于及时，没有造成大的损失。

为此，范纯仁受到家人的责备。但没几天，他忍不住，又在帐内阅读起来。家人看到他如此用功读书，也不责怪他了，而且为了安全，便让他还是到书房去阅读，不再打扰他。

一天，范纯仁的夫人收拾蚊帐准备洗涤，突然发现蚊帐顶上漆黑一片，原来那是范纯仁在帐内读书，被油灯的烟熏黑的。夫人非常感动，她悄悄把这顶蚊帐收了起来，没有把它拿去洗干净。后来，他们有了儿子，又有了孙子。每当全家在一起时，范纯仁的夫人就把这顶蚊帐拿出来给儿孙们看，告诫儿孙们说：“这是你们的先辈当年勤学，在帐内读书被灯烟熏黑的，你们都要向他那样，靠自己的努力成才。”

李贽年老更好学

书到用时方恨少，事非经过不知难。

——陆游

李贽（1527—1602），号卓吾，泉州晋江（今属福建）人。他是明朝一位富有战斗精神的思想家。李贽自幼家境贫寒，但刻苦好学。由于他治学认真，意志顽强，终于获得了渊博的学识。

他主张读书人要有“超然志气，求师问友于四方”。他到北京的时候，已经是个年迈老翁，听说澹园老人焦竑对《易经》很有研究，就去拜访焦竑说：“您允许我作一个老门生吗?”焦竑比他年轻了15岁，听了这话非常感动，于是就和他结成了好友。李贽跟着焦竑学习《易经》，每天熟读一卦，直到深夜才肯休息。经过三年刻苦努力，终于把《易经》中的64卦读通。

李贽59岁那年，把家属送回福建老家去，自己单身来到湖北麻城。靠朋友的帮助，在龙潭的芝佛院（寺院）定居下来。照一般人看来，到了这个年龄，已经年老力衰，无所作为了。但李贽却正是从这个时候开始专心攻书，发愤著作。寺院里比较清静，食宿也不必发愁，李贽就朝夕苦读。从儒家经典到佛教经文，从史书到杂说，从诗词到曲赋，无所不读。他把读书当做最大享受，完全忘记了自己身在外乡，孤身一人，年岁已老。

在他70岁那年，他写了一首《读书乐》的四言长诗，最末两句是“寸阴可惜，曷敢从容!”意思是说，每一寸光阴都是宝贵的，怎么能够随便放过呢!

白发苍苍的李贽，在芝佛院住了10多年。他每天手不释卷，伏案苦思，丹笔批书，墨笔著作，笔不停挥，写下了30多种著作。其中最著名的2部书《焚书》和《藏书》，公开地向封建礼教和道学思想提出了挑战。人们称颂他写文章不循世俗之见，而是发表自己独到的见解，文章深刻、透彻、严肃，具有难能可贵的独创性和反抗精神。

方以智勤记成“六指”

少而好学，如日出之阳；壮而好学，如日中之光；老而好学，如秉烛之光。

——刘向

方以智，字密之，号曼公，安徽桐城人，是明末清初的唯物主义思想家和爱国主义者。他精通哲学、自然科学、文学、医学等许多门科学，一生写下了不少著作，现存的就有28种之多。这些著作，大部分是在他的读书笔记的基础上充实发展起来的。

从少年时代起，方以智就好学勤记。每读一本书，遇到自己特别喜爱的篇章、片段或警句，他就用卡片抄录下来，反复吟读十余遍，然后把它贴在墙壁上。这样，每天都要抄上六七段甚至十几段。每当读书作文告一段落，在房中散步的时候，他就借此机会再看看、读读墙上的那些篇章、片段。方以智给自己立下一条规则：每天必须有计划地把墙上内容从旧到新地读上三五遍，直至滚瓜烂熟，一字不漏为止。四周墙壁都贴满了，就把前两天所贴的收下来，藏到书笼中，再把当天刚刚抄录的，贴补在空白之处。这样，每天收下一批，又补上一批，从未间断过。他用这种办法积累了上万段精彩的文字，为以后写文章打下了坚实的基础。

除了用此方法外，他还勤于记读书笔记。每读完一本书，他都要写很详细的读书笔记，记录自己的心得体会，摘录书上重要的文句，常常一天要写十几条或几十条。他的笔记本很多，有的用来记录为人处世的道理，有的用来记录自然科学知识和社会科学知识，有的用来记录地方上的风俗习惯和奇闻异事，有的用来记录奥妙的哲学道理。每隔一断时间，他就要整理一番，分类归纳，编出索引，以备查阅。

方以智写读书笔记很认真，不仅字写得端端正正，而且还特别详细。他为了研究一个问题，常常要翻看许多书，搜集许多民间生活材料，直到把问题彻底弄清楚为止。

有一次，方以智为了研究明朝以前人们住的房屋、用的器具和穿的衣服，就翻阅了70多种书，还访问了许多老年人，终于把这些方面的问题弄清楚，写出了很详细的研究报告。他经常不断地写笔记，右手握笔的部位都长满了厚厚的老茧，以至老茧最后竟凸起很大一块，朋友们都戏称这为“六指”。

他的读书笔记博及群书，考据精确，这对他后来的写作帮助很大。方以智的著作《通雅》，曾获得世人很高的评价。

陈际泰手不释卷

> 人永远是要学习的。死的时候，才是毕业的时候。
>
> ——萧楚女

明朝末年，临川有个文学家陈际泰，当时与文学家艾南英齐名，文章誉满天下。他才思敏捷，一天能作二三十首诗，一生赋诗数以万计，是当时文坛有名的高产作家。

陈际泰自幼家贫，父亲务农为生，他家祖祖辈辈就从没出过一个读书人。陈际泰先天聪明，虽无家学熏陶，然而却喜欢读书学习。他看见邻居家的孩子拿着书本上学读书，非常羡慕，请求父亲送他上学，然而家里没有钱交学费，因此，父亲不允许他去。但陈际泰却是一个很有心的人。在随后的日子里，他与邻居家一个读书的孩子交上了朋友，每天等那个孩子放学了，陈际泰就背着父亲偷偷去他们家学习，看他的读本，不认识的字就让那个小朋友教他。陈际泰就是这样如饥似渴地学习文化知识。

有一次，他去表兄家作客，偶然发现表兄家有一本《尚书》。这本书的四角都已经磨秃了，而且封面与前面几章已经丢失，然而，陈际泰却如获至宝，请求表兄把书借给他，表兄爽快地把书送给了他。陈际泰把这本《尚书》带回家之后，他手不离书，看了一遍又一遍，终于弄懂了文义。《尚书》古奥艰深，许多读书人都望而却步，而一个10岁的孩子竟然能自学弄通它的大意，这在当时的确是一件十分了不起的事情。

还有一次，他到邻居家去玩，看到一本《诗经》放在坛子口上当坛盖用，心痛得不得了，就拿回家去阅读。父亲看见了很生气，骂了他一顿，又督促他到田里干活。到了田里之后，陈际泰又从怀里把《诗经》拿出来，坐在那儿如醉如痴地看起来。就这样，陈际泰通过艰苦自学，终于在12岁那年通过乡试，于崇祯七年，即他16岁时中了进士，以后又成为文坛上的佼佼者。

黄宗羲读书不倦

力学如力耕，勤惰尔自知。但使书种多，会有岁稔时。

——刘过

黄宗羲（1610—1695），字太冲，号梨洲，浙江余姚人。他是明末清初著名的启蒙思想家。

在黄宗羲17岁那年，他父亲黄尊素遭奸臣魏忠贤陷害，被捉拿进京问罪。临别时，父亲叫他好好钻研家藏书籍，从中探求古今治乱得失之道，以便将来为国家做一番事业。黄宗羲听了父亲的吩咐，明确了读书的目的，从此便在家里刻苦读书。每天天还没亮，他就起床读书，一直读到深更半夜，鸡叫头遍时才上床睡觉。仅仅两年时间，他就把家里丰富的藏书读完了。

在他19岁那年，他的父亲被魏忠贤杀害了。噩耗传来，极度伤心的黄宗羲没有被这巨大的悲痛压倒，他发誓，一定要实现父亲生前对他的希望。

此后，他回到家乡拜大儒刘宗周为师，继续刻苦读书。在老师的指导下，他深入地钻研了十三经，阅读了诸子百家及历代史书，并对天文、地理、律历、数学等都下苦功研究。

黄宗羲天资并不聪慧，记忆力也不强，每读完一篇文章，他常常对内容记不准确。但他并不灰心，能够做到比常人加倍的努力，来弥补天资的不足。读书易忘，他就用抄书的办法来加深印象，强迫记忆，而且每天仍是读到鸡鸣时方歇，数十年不断。他曾在一篇文中写道："年少鸡鸣方就枕，老人枕上待鸡鸣。转头三十余年梦，不道消磨只数声。"意思是：我年轻时，读书直到鸡鸣才就枕，老了以后，躺在床上思考问题一直到鸡叫为止。回过头一看，几十年的时间只消磨在鸡叫声中。

他一生勤奋苦读，就是在他80岁高龄时，仍然夜以继日地用功读书。甚至在他去世前的二三天，还读了好几本书，并在书上写了详细的批语。

康熙酷爱科学

> 为学正如撑上水船，一篙不可缓。
>
> ——朱熹

康熙帝（1654—1722），即清圣祖爱新觉罗·玄烨，他是清朝入主中原后的第二个皇帝。他8岁即帝位，15岁亲政，直到去世。他是中国历史上在位时间最长的皇帝，也是中国历史上罕有的能身体力行学科学的皇帝。

康熙帝十分爱好自然科学，一有余暇，就学习自然科学知识，力求把握其中的原理。他兴趣比较广泛，对中国历史、文学有相当的鉴赏能力；又喜欢美术，推崇程朱理学；而在天文、历史、数学方面，也有比较好的基础。因此，当他接触西方科学的时候，态度是积极的，而且自己也渴望学习这些知识。他早年师从南怀仁，学习欧几里德几何学，每天听讲，孜孜不倦。后来又学习测量、天文、物理和医学，在宫中设置了研究化学和药学的实验室。

南怀仁去世后，他又请耶稣会传教士白晋和张诚在内廷讲学。在讲授之前，先令他们学好满文和汉文，而康熙帝自己却不学外文。传教士讲授的学科有测量、数学、天文、解剖学和哲学等。张诚在到北京的第三年即将几何、三角和天文方面的书籍译成汉文和满文印出，作为教科书和供皇帝阅读之用。这时康熙皇帝已经30多岁了，但学习的劲头依然很高。

由于努力学习，康熙对自然科学知识，特别对数学、天文学和测量学方面了解较多。例如他能评论著名数学家梅文鼎的著作，曾召见梅文鼎畅谈历象算法；能计算河道闸口流水昼夜的多少；能用日晷仪画出正午日影的至处，经检验一点不差。在他58岁那年，巡视大运河时，康熙决定在筐儿港建筑一座拦水坝，随后就在河西务（今河北省武清县东北、运河西岸，当时是漕运要冲）登岸步行1千多米，亲自设置测量仪器，确定方向，钉下桩木，记录测量结果。

在康熙皇帝的直接领导下，利用耶稣会传教士科学技术方面的长处，清朝的学者与他们合作，完成了一系列重大科技项目。除了制定并颁行《康熙永年历》，编著《数理精蕴》、《历象考成》外，康熙还亲自领导完成了全国地图的测绘。

那是在中俄缔结《尼布楚条约》之后，康熙帝见到一幅亚洲地图，图中关于清朝满洲地区的地理知识相当缺乏，于是便有开展测绘工作的打算。后来他从广州购入仪器，每到东北和江南各地巡视的时候，就命随行的外国传教士先测定经纬度。在条件成熟之后，他命耶稣会传教士先测京师附近地图，由他亲自校勘，认为远胜旧图，才下令由中、西两方人员组成测绘队进行全国地图的测绘。

全国地图的正式测绘是从康熙四十七年（1708 年）开始的，由法国教士白晋、雷孝思和杜德美等人率领。先从长城测起，然后测北直隶，再测满洲地区。为了加快速度，公元 1711 年康熙命增添人员，分两队进行。因此关内十余省，包括西南、西北广大地区，约用五年时间先后峻事。康熙五十七年（1718 年），一份具有相当水平的《皇舆全图》终于绘成了。这是一件了不起的大事。当时欧洲各国的大地测量，有的尚未开始，有的虽已开始，也未完成，而中国却在 18 世纪初期完成了全国性的三角测量，走在了世界各国的前列。

事实上，康熙帝亲自领导的全国大地测量，有两件事是非常有意义的。第一，是尺度的规定。康熙为了统一在测量中所使用的长度单位，规定以 200 里合地球经线 1 度，每里 1800 尺，因此每尺的长度就等于经线的百分之一秒。这种以地球的形体来定尺度的方法是世界最早的，法国在 18 世纪末才以赤道之长来定米制的长度；第二，是发现经线一度的长距不等。康熙四十一年实测过中经线上由霸洲到交河的直线长度，后来在康熙四十九年又在满洲地区实测北纬 41 度到 47 度间的每度直线距离。这些测量都可以得出纬度越高，每度经线的直线距离越长的结论。如北纬 47 度比 41 度处测得的每度经线的长度大 258 尺。这是过去的测量中从未得到的结果。这一结果曾遭到欧洲一些学者的怀疑，后来得到证实。这是世界科学史上一件值得纪念的大事，所取得的成就，在当时世界上可以说是第一流的。

康熙帝能身体力行学习科学，利用科学，亲自领导具有科学意义的工作，这种探索精神，在中国历代封建社会中是少见的。

戴敦元酷爱读书

> 要从书上找出把自己引向深处的东西。
>
> ——爱因斯坦

戴敦元（1767—1834），字吉旋，号金溪，浙江开化人。清乾隆五十五年（1790 年）进士，选翰林院庶吉士。

戴敦元小时候就非常聪明好学，每天手不释卷，有时看书竟然忘了吃饭睡觉，简直成了书迷。一次，他到舅舅家去，发现舅舅家有个书房。戴敦元在书房里翻翻这本，看看那本，舍不得离开。一会儿舅舅来了，他就恳求舅舅留他住下来，他要把这些没看过的书统统看一遍。那时戴敦元才六七岁。舅舅非常喜欢这个勤奋好学的小外甥，于是就爽快地答应了他的要求，并在书房里给他准备了一张小床，供他休息时用。

于是，戴敦元就在舅舅家的书房里住下来，早晚不离开书房一步。早晨天还没亮，他就从床上爬起来，点上油灯看书；晚上，一直读到夜里三更左右还不肯休息。舅舅看着小外甥这样用功学习，又喜欢又心疼，有时就到书房里来催他早点上床睡觉，可是等舅舅一走，戴敦元又从床上爬起来，重新点起灯来读书，舅舅拿他也没有办法。就这样，戴敦元在舅舅家整整住了一个月的时间。当他读完了书架上的最后一本书以后，才与舅舅告别回家。

由于戴敦元勤奋好学，10 岁就被举为神童。当时学政彭元瑞给他出作文题，戴敦元的文章竟然可以与当时一流学者的文章相媲美；彭元瑞又对他面试，戴敦元是有问必答，对答如流。学政彭元瑞认为他将来必定会成为国家的栋梁之才，并鼓励他继续认真读书。从此，戴敦元读书更勤奋了，在15岁那年，他就经过乡试考中了举人，以后又在乾隆五十五年（1790年）中了进士。

侯德榜读书忘神

> 形成天才的决定因素应该是勤奋。
>
> ——郭沫若

侯德榜是我国著名的科学家。他的祖父、父亲都是农民，小时候，由于家里生活艰辛，6岁的侯德榜就常常下地干活。虽然白天的劳动很辛苦，但侯德榜抓住一切可以利用的时间，努力学习。

一天，父亲下地干活，侯德榜在不远的地方放牛。傍晚收工后，父亲没有看到他的人影，十分焦急。最后在闽江岸边一丛荔枝林里，传来一阵熟悉的读书声。父亲循声走过去，发现儿子坐在一棵树下，而牛在不远的草地上已经吃饱休息了。侯德榜正在聚精会神地读书，忘了时间，也忘了周围的一切，更没觉察到身后的父亲。

还有一次，祖父找德榜有事，走到村外，远远见德榜正伏在水车上车水。

“德榜——德榜——”祖父高声喊着，德榜却没有反应。这下祖父有些生气了，他想：“这孩子，怎么会这么不懂事呢，以前不是这样的啊！”他很想过去申斥孙子几句，却忽然听到孙子在忘情地读着古诗。老人听了很是吃惊，也很高兴，他这才知道，原来德榜一边车水，一边在学习呢。于是，祖父没有再打搅他读书。

可是乡间的书太少了，小德榜如饥似渴地找书读。一年夏天，他到姑妈的家里去玩儿，姑妈叫他到小阁楼里去找一件东西。他上去了好久都没有下来，原来，他在那里发现了几箱书，小德榜非常兴奋。从此以后，他经常找借口到姑妈家去，到阁楼上看书，一待就是半天。后来，姑妈也发现了侯德榜每次来的意图，于是每次看到他去，都会笑着说："哎哟，书耗子又来了，快去阁楼上啃书吧。"就这样，在姑妈家，侯德榜看了很多的书，懂得了许多的知识。他对读书的兴致更大了。

在祖父的鼓励和姑妈的资助下，侯德榜考进了当时美国人在福州开办的一所教会中学——英华书院，当时他才13岁。这所书院的教学设备、图书都是福州学校里最好的。德榜努力学习，成绩一直都是名列前茅。

就这样，侯德榜通过继续刻苦攻读，又考入了当时北京的清华留美预备学堂，并且很快，他就以10门功课都是满分的优异成绩，成为学校里最出名的人。

两年后，他又远渡重洋，到美国著名的麻省理工学院化学系攻读。经过若干年的努力，他终于用所学的知识报效了亲爱的祖国，为振兴祖国、富强祖国做出了很大的贡献。

徐特立学而不厌

知之者不如好之者，好之者不如乐之者。

——《论语》

徐特立，原名懋恂，字师陶，中国革命家和教育家，湖南善化（今长沙县江背镇）人。

徐特立也是一位刻苦学习，学而不厌的典范。他于1919年在法国木兰撰写的《留法老学生之自述》中说："我十九岁就教蒙童馆，到如今教了二十四年书。中间总是替学生做事，自己读书要到晚上八九点钟以后，每日只读三点钟书。平日走路，晚上睡醒了天没有明的时候就读书。口袋里常带一本表解，我的代数、几何、三角都是走路时看表解学的。心理学、论理学都是选出中间的术语，抄成小本子，放在口袋中读熟的。”

当年到法国勤工俭学时，他已教过 20 多年的小学、中学和高等师范，在湖南教育界享有很高的声誉。所以有人劝他：“你这么大的年纪了，还学得什么，何必要做扶拐棍的学生呢?”他回答：“一般人都说年老者不能求学。年老的人多半在社会上有些权柄，倘若全不求学，社会上就受害不小……我今年四十三岁，不觉就到四十四、四十五，一混六十岁来了。到了六十岁，还同四十三岁时一样无学问，这一十七年，岂不冤枉过了日子?这一十七年做的事情，岂不全无进步?到了六十岁来悔，那就更迟了，何不就从今日学起呢?”他就是这样克服一切困难，先学习法文，后到工厂学习技术，再到学校学习科学，同时开始接触马克思主义。

1924 年回国后，徐特立先从事教育工作，1927 年在大革命失败后的血雨腥风中参加了南昌起义，后来参加了中国共产党，52 岁时还到莫斯科中山大学留学，58 岁以红军中最年长者参加了二万五千里长征。所以他不但被他的学生，而且被广大学者称为“我们的师表”。

善动脑筋的高斯

> 发愤忘食，乐以忘忧。
>
> 《论语》

高斯（1777—1855），是德国 19 世纪著名的数学家、物理学家和天文学家。

高斯幼年的时候，家中生活比较清贫，但是，小高斯对学习却充满着渴望，一有机会接触书，他就如饥似渴地阅读起来。而且，他非常勤奋，尤其善于开动脑筋思考问题。

高斯面对生活中的问题，总是力图寻找最佳的解决方式。一次，他父亲为几位伙伴的工钱分配问题正辛苦地计算，高斯在一边不动声色地观看。父亲刚计算完毕，正待结束工作，高斯突然对父亲说："爸爸，你的计算不正确。"

父亲非常惊异，问道："你怎么知道我算错了呢?"

高斯认真地回答："我用心算算出的结果同你计算的结果不一样，算了几次都是这样，可能是你错了吧!"父亲又开始重新计算，果然，计算中的确出现了一个错误，最后，得出的答案与高斯的答案相符了，父亲高兴地把他抱了起来。

后来，高斯入学了，进入附近的一所乡村小学上学。他非常珍惜在学校学习的机会，上课认真听讲，积极回答问题，尤其善于动脑筋想问题。

高斯的数学老师是个城里人，他认为班上这些土里土气的农村孩子脑筋不聪明，不值得教他们，因此，他常常出一些难题给学生做，学生做不出来，他就取笑、挖苦。一天，这位数学老师不知因为什么事情，心情非常不好。正好，又轮上他给高斯的班上数学课，他一点都没有上课的心思，于是，他想出了一个办法。

只见他走进教室，不说一句话，在黑板上刷刷写下一道数学题："$1+2+3+\cdots+99+100=?$"

然后冲着全班说道："这就是今天上课的内容，谁做完了这道题，谁就可以放学回家了。"这位老师心想，这100个数字相加，对这些笨孩子来说，够他们算一节课的了。于是，他找过一张凳子，坐在那儿闭目养神，平息心中的不悦。刚刚清静一小会儿，一个声音把他惊醒了。

"老师，我算完了。"

谁在这里捣蛋。老师心中一阵气愤，他抬眼一看，高斯正冲着他举手示意呢。"这么快就算好了?怕是想早点回家在这里乱蒙我吧，这可要打手心的噢!"老师说。"老师，我真的算完了，不信你看，答案是5050。"高斯争辩道。

这可是正确答案！老师很惊讶，忙问："你是怎么算的?"

高斯高兴极了："老师，你看，这100个数，一头一尾依次的两个数相加，所得的和都是101，共有50个101，这样50×101的结果为5050，这就是从1加到100的和。"

老师受到极大的震动，他没有想到，山村里的孩子，居然运用了他没有教过的求等差级数之和的方法，真是善动脑筋的孩子。

从此，这位数学老师改变了他过去的看法，认认真真给孩子们上课，并辅导高斯学习了更多的高年级知识，使高斯的学习兴趣更浓了。正是在学习上积极主动，善于动脑，高斯后来成为著名的科学家。

洛伦兹创立比较动物行为学

读书也像开矿一样"沙里淘金"。

——赵树理

康拉德·萨查理雅斯·洛伦兹是奥地利的著名学者，曾获得1973年诺贝尔生理学及医学奖。

洛伦兹1903年出生在奥地利的维也纳。父亲是一位医生。老洛伦兹一心希望自己的儿子也当医生，所以他强迫儿子去学医学。小洛伦兹不负父亲厚望，25岁时便以优异的学习成绩在维也纳大学的解剖研究所获得医学博士学位。

但是，洛伦兹并不愿意当医生，他对动物学产生了异常浓厚的兴趣，因而转学动物学。1933年，他又获得了理学博士学位。

获得博士学位之后，他更加热衷于研究动物学了，尤其是动物行为这门科学。开始，洛伦兹研究的对象是寒鸦、灰雁和野鸡一类的动物。他很想弄清楚那些小雏鸟是怎样认识自己的母亲和同类的。他发现，刚孵出不久的小雏鸭、小雏雁，就能认识自己的母亲，也很容易找到自己的同伴而加入到群体中去，但他一时还说不清原因。经过长期的观察和认真地研究，他把动物这种认识自己同伴的能力称之为“铭记”。洛伦兹认为，动物的这种“铭记”能力是来源于遗传因素，在生物生命形成的早期，就已经具有这种能力，并且是一种与生俱来，不会消失的生命现象。

洛伦兹先是观察小灰雁的行为。他把灰雁卵捡到自己的实验室，并由灰雁自己孵育。不久，小灰雁破壳而出。刚能走动，小灰雁就能铭记住自己的妈妈，并紧紧跟随着母雁。洛伦兹经过仔细观察，发现小雏雁是根据母雁的嘎嘎叫声来判断和铭记的。

他进一步对小雁的铭记能力做试验。每当小雁破壳而出，洛伦兹就把母雁带走，使它们“母子分离”。同时，洛伦兹模仿母雁的叫声不断地嘎嘎叫。这时，他发现小雏雁并没有发现这是自己的骗局，而是紧紧跟随在自己后面，把自己当成了它们的妈妈。

这些新发现使洛伦兹的兴趣更浓了，他迷恋自己的事业简直达到了如痴如醉的地步，为了研究动物的行为，经常废寝忘食，与动物为友。

后来他又研究鹅，只见他常常口中嘎嘎作声，而他的身后总是跟着一小队小鹅仔。这队小鹅仔走起路来摇摇晃晃，见到生人就四散逃窜，而当见到洛伦兹时，却亲热得像见了自己的妈妈一样，他走到哪儿，鹅群就跟到哪儿。于是，洛伦兹也获得了一个尊称——“鹅妈妈”。

“鹅妈妈”洛伦兹通过深入地探索，发现在动物的神经系统中，具有一种生来就有的释放机制。这种机制对释放剂有着特殊的反应，一触即发，这就是铭记能力的真相。他还发现这种机制不仅是与生俱来的，也即遗传所得的，而且大自然对每一种生物都一视同仁，毫无偏袒，并且这种机制是与生物进化、环境适应及生存竞争有着密切的关系。

此后，他继续对动物行为进行研究，并于1955年建立了一个行为生理研究所，专门对自然环境中各种生物行为进行比较研究，写出了《动物与人类行为的研究》一书，创立了一门特殊的学科——比较动物行为学，为行为科学的研究做出了贡献。因此，他在1973年获得了诺贝尔生理学及医学奖。

刻苦勤学

苏秦悬梁刺股

> 书痴者文必工，艺痴者技必良。
>
> ——蒲松龄

“头悬梁，锥刺股，彼不教，自勤苦。”这是《三字经》中的几句话。一提起“悬梁刺股”，大家首先就会想到战国时代的苏秦。

苏秦，字季子，战国时东周洛阳（今河南洛阳东）人。苏秦早年十分好学，曾和自己的好朋友张仪一起从师于很有名望的鬼谷子门下，学习纵横家的言论。当时，苏秦的家境不好，自己的糊口问题都不能解决，更别说拿钱来买书读了。为了读书，他时常把自己的长发剪下来卖掉，或者帮别人做工卖力气，以换取微薄的收入来勉强维持自己的生活和学业。没有钱买帛绢，他就自己把竹子劈成竹片作为誊写的书札。书札多了，没有袋子装，他就自己剥下树皮编织成书袋来装书。由于苏秦勤奋好学，在开始的一段时期内，他取得了很好的成绩。

然而，可惜的是，从那个时候起，苏秦就开始骄傲自大起来。他不再相信老师的话，自以为已经学到了纵横术的所有知识，可以“运筹帷幄”了。

于是，他收拾好行李，告别了老师和朋友，独自来到了秦国。苏秦在秦国，曾先后上了10封意见书给秦惠王，劝他采用“连横”的办法来并吞诸侯，统一天下。可是，秦惠王只是把意见书草草地看了一下，就随便地往旁边一放，根本不予理睬。苏秦在秦国住了一年多的时间，衣服已经穿得又旧又破，所带的银两也用得一干二净，没有办法再住下去了。他看秦惠王一点也没有重用他的意思，就只好缠了裹腿，穿了草鞋，背上书包，挑上行李担子，离开秦国，踏上了回家的道路。

由于路途比较远，又加之心情不好，所以苏秦在路途上奔波了许多天才回到家中。这时他已瘦得皮包骨头，皮肤也被晒得黑黝黝的，而且因为惭愧而不敢抬头见家人。妻子看见他那副样子，叹了一口气，低下头继续织布；嫂子看见他那副样子，不给他做饭做菜；父母看见他那副样子，也不与他说话。

见此情景，苏秦感到心情极端难受。他长长地叹了一口气，自言自语地说道：“唉，妻子不认我这个丈夫，嫂子不认我这个小叔子，父母也不认我这个儿子，这全都是由于我不争气而在秦国游说引起的啊！”

苏秦认识到了自己的不足，又重新开始埋头读书。当天夜里，他把自己几十箱的藏书都找了出来，精心挑选，找出了姜太公的《阳符经》一书，看了几行，觉得很有用。便摊开来埋头诵读，细心揣摩，直到天亮。

从此以后，苏秦不分昼夜，勤于读书，他读书经常到深夜。有时候读着读着就在案头上睡着了。每次醒来时，看见时间已经过去了很多，他总是痛骂自己无用。可是一时也找不到合适的方法来防止自己打瞌睡。

有一次，他读着读着又开始犯困了，身子一下扑在了案桌上。桌子上正好放着一把锥子，锥子刺痛了他的手臂，他一下子清醒过来。他看着锥子，眨了眨眼，忽然想出了一个制止自己打瞌睡的办法：用锥子扎自己的大腿。以后，每到自己困意来了的时候，他就拿起锥子，朝大腿上狠扎几下。由于扎得狠，往往是鲜血淋漓，血沿着小腿，直流到脚上。他的家人见他这样，于心不忍，就规劝他说：“你也不必这样折磨自己。只要你决心痛改前非，就一定可以成功的。”可苏秦却说：“我之所以这样做，是为了使我自己不要忘了过去的耻辱，从而促使我更加刻苦读书啊！”

就这样，苏秦勤学苦读了整整一年的时间，才觉得这一次的确学得深，学得透。他很有把握地说：“现在真可以说服当代的君王，使他们接受我的意见了。”

经过这一番准备，苏秦于公元前334年开始游说六国，终于得到了六国君王的重用，佩挂六国相印。长沙马王堆汉墓出土帛书《战国纵横家书》中，就保存有苏秦的书信和游说辞16章。

后人像苏秦一样刻苦读书的也不少。东汉时就有一个信都人孙敬，非常喜欢读书。古时候纸张很难得，他就把柳条劈成一片片薄片，然后编织成书本状，向别人借来经籍，亲手抄写，并闭起门来一天从早读到晚。因为他几乎把所有的时间都用在读书上了，所以一年到头都很少外出。当他偶尔有事到市集上去的时候，市人就在背后指指点点说：“看哪，这就是‘闭户先生’呀！”孙敬读书十分刻苦，常常对着孤灯读到深夜。他唯恐自己倦怠时昏昏欲睡，就想出一个办法：拿一条绳子一头系着发髻，另一头悬挂在屋梁上。这样，一旦自己垂头闭眼要瞌睡的时候，头上的绳子就会拉紧头发，牵痛头皮，人便又醒了……

后来，人们将他们这种苦读的精神称为“悬梁刺股”。

匡衡凿壁借光

读书有三到，谓心到、眼到、口到。心不在此，则眼不看仔细，心眼既不专一，却只漫浪诵读，决不能记，记不能久也。三到之中，心到最急。心既到矣，眼口岂不到乎？

——朱熹

匡衡，字稚圭，西汉东海承（山东峄县西北）人。他家世代务农，没有一个读书人，家境十分贫困。匡衡小时候就喜欢读书，酷爱学习。但因家穷，在少年时就给财主放牛、放羊。农忙季节，父亲也让他给地主打短工，做零活，帮助家里维持生计。

匡衡是一个有雄心大志，善于动脑筋给自己创造学习条件的聪明人。打短工的时候，他身边总是带着书，有空就拿出来看。哪怕在地头歇息的一点点工夫，他也要看上几段书，由于能够这样地刻苦学习，充分利用时间，他把《春秋》、《诗经》、《论语》、《礼记》，甚至《尚书》、《易经》都读了。天常日久，学问越来越大，但是他从不自满，学习起来总是孜孜不倦。

白天匡衡为财主干活，晚上不怕累，原想读点书，可是，学习需要时间，也需要一定的环境。晚上看书需要灯光，可他家里连做菜都舍不得用油，哪肯用油点灯呢？为了省油，天刚黑，他妈妈就催他早早睡觉。匡衡一心想读书，怎么能睡着觉呢？他常常在一片漆黑的房间里背诵文章，有背得流利的，也有丢字的，他想看书对照一下，没有灯，真是心急如火。他心里烦，睡不着，耳朵就特别灵，隔壁吵吵嚷嚷的声音听得特别清楚。

他走出草房，只见邻居财主家灯火通明，财主家经常大吃大喝，闹到半夜也不熄灯。可惜屋里隔了一堵厚墙，光线射不进来。一天晚上，他正默诵文章，发现从墙缝里透过来一丝微弱的光，匡衡发现后惊喜不已。从此，再也不愁无灯看书了，匡衡连忙捧着书，靠在墙边，对着缝孔贪婪地看了起来，他全神贯注，忘记了一天的疲劳和夜晚的倦息。

第二天，瞅着邻家财主出门会客，家中无人，他非常小心地在墙壁上钻了个小洞，小洞一直透到隔壁，然后他用纸小心地把小洞遮挡好。一到晚上，他就轻轻地把纸挪开，果然，一束光线射了进来，他捧着书对着小孔，书上的字能看清楚了。从此，他每天晚上在自己的房间里，借着偷来的灯光，勤奋读书。

匡衡的求知欲望越来越强。苦于无书可读，他设法到处借书。真正书多的还是富人家，书是很难借到的。聪明的匡衡想出了一个好办法，他去向一个藏书多的富人借书，表示愿意给他做工，不要工钱。只借书看，富人答应了他的要求。

匡衡读书很是勤奋，白天做工，晚上看书，富人被他的强烈求知欲望和勤奋好学的精神所感动，就把全部藏书借给他看，不长时间，他就把那个富人家的全部藏书读完了。

在随后的日子里，匡衡的书越读越多，越读越精，六艺经传他都有研究，最后终于成了博士。他这个博士可不一般，当时的学者都钦佩他，纷纷赞扬说："对经学研究得透彻的除了匡衡之外，找不出第二个来。"这事连朝廷也知道了，汉宣帝就颁诏让他做了平原文学，后来还做过宰相。

除此之外，匡衡还能诗善文，尤其善于解说《诗经》，常引经据典来议论国家政治得失。当时的儒生给他编了这么几句话："无说《诗》，匡鼎来；匡说《诗》，非人颐。"意思是：你们不要随便地解说《诗经》呀，匡衡就要来了，匡衡解说的《诗经》呀，是那么生动，能逗得人个个乐不停。

王充苦学著《论衡》

读书破万卷，下笔如有神。

——杜甫

王充（27—约 97），字仲任，会稽上虞（今浙江）人，是中国东汉初期具有唯物主义思想和批判精神的杰出思想家。

王充自幼家贫，在少年时期，父亲便去世了，没有钱读书。但求知的欲望却并未使他安于命运的安排，他总是想方设法找书读。

在他 8 岁的时候，王充便奔走在洛阳的各个书铺里，怀里揣着干粮，贪婪地埋头读书。每当读到兴浓的时候，总是目不斜视，细心领会。他时而独自狂笑，时而愁眉不展，如入其境，连身边带的干粮也常常忘记吃。因为他没有钱，从来只看书不买书，书铺的主人最初很讨厌他，有时甚至赶他走。他总是苦苦请求让他看完当本书。后来，书铺的主人见他年纪尚小却如此热爱学习，也就原谅了他。时间长了，他的行为感动了书铺的主人，书铺主人对他很友好。他也深知在书铺里读书的珍贵，所以总认真理解，刻苦记忆。

在他 20 多岁的时候，就由乡里保送到当时的首都洛阳，进入全国最高的学校——“太学”去学习。著名的历史学家班彪在“太学”里讲课。班彪的学问很深，他讲课联系的问题很广。王充为了弄清老师所讲的内容，就把讲课时提到的书一一找来阅读。“太学”里的书差不多都被他读遍了，可是这仍满足不了他的学习需要。去买书吧，买不起，王充便把书铺当图书馆，读了一册又一册，这家书铺读完，又跑到那家书铺。如此以来，王充积累了丰富的知识。

到了30多岁的时候，王充已成为知识渊博又有独立见解的学者。他对于当时盛行的唯心主义的说教深感不满，于是下决心给予批判。他谢绝一切应酬，集中精力着手写书。为了不耽误时间，不打断思路，他在自己住宅的许多地方，如门上、窗上、炉子上、柱子上，甚至厕所里都安放了笔砚纸张，想一点，写一点，走到哪里，写到哪里。到了晚年，他孤独一人，生活潦倒，甚至有时缸里没了水，锅里没了米，肚子饿得直叫，头发昏，眼发花。生活贫困，但他志气不减，仍坚持为实现自己的愿望而写作。王充把全部的精力都用在写作上，经过20多年的艰苦奋斗，终于写出了闪耀着辩证唯物主义思想光辉的论著《论衡》。

贾逵隔篱听课获“舌耕”

> 爱学出勤奋，勤奋出天才。
>
> ——郭沫若

贾逵，字景伯，东汉平陵（今成阳）人，是我国古代著名的经学家、天文学家。

贾逵出身贫寒，父亲贾徽在贾逵幼年时就外出求学去了，常年在外。贾逵同母亲、姐姐在一起，过着贫苦的日子。

贾逵自幼聪慧好学。在他5岁那年，有一天姐姐带他到院子里玩，忽然听见附近的私塾里传来了一阵阵读书声。私塾外围有一层篱笆，贾逵人小个矮，就嚷着让姐姐抱起他看个究竟。姐姐抱起贾逵，小贾逵手抓篱笆往里一看，原来是私塾老师正领着学生在诵读经书。小贾逵羡慕极了，情不自禁地跟着老师诵读，久久不肯离去。姐姐见弟弟如此喜欢读书，于是每天抱着他隔篱听课。

小贾逵学习持之以恒，一年四季坚持不断，有时姐姐没时间陪他去，他就自己趴在篱笆旁听课。当遇上风雪天，他照听不误，小脸蛋与双手冻得通红，也不肯回家暖和。

就这样，暑去寒来，贾逵隔篱偷学了5年，对老师讲授的《五经》与《左传》竟能全文背诵下来了。10岁那年，父亲贾徽求学回家，发现儿子对经书十分熟悉，能背诵《五经》，非常惊喜。姐姐向父亲述说了贾逵的5年苦学，贾徽听后，赞叹不已。

贾徽也是研究经学的一位学者。所谓经学，就是解释和阐述儒家经典著作的一门学问，东汉时颇为盛行。贾徽曾经向西汉末年的著名古文经学派开创者刘歆学过《左传》，功底很深。他发现贾逵虽然能背诵《五经》与《左传》，但对经学的微言大义并不甚理解，而且贾逵隔篱听课时没有教材，文字写作能力差。针对儿子的薄弱环节，贾徽因材施教。在父亲的指导下，贾逵剥下庭中桑树皮作书版，对着教材边读边默写，桑树皮用完了，他就趴在门上、墙壁上写字，等把写下来的东西背熟了，又涂掉另写。

贾逵就这样刻苦地自学，而且10年从不中断。当他刚满20岁的时候，竟令人惊奇地为《左氏传》和《国语》写了51篇注释。贾逵的名声传遍乡里，不少好学的青少年纷纷前来求教，大家都把他的教书生活称为“舌耕”，以赞扬他的勤奋刻苦精神。

承宫隔篱偷学

读书切戒在慌忙，涵咏工夫兴味长。

——陆九渊

承宫是汉朝著名的文学家。他出身于一个贫寒的家庭，7岁时，因为生活所迫，被父母送到一户富裕人家里当猪倌儿，为主人放猪。

承宫非常渴望读书。每天清晨，他赶着猪出去吃草时，常常碰到一些与他差不多年龄的孩子兴高采烈地去上学，他非常伤心，常暗自流泪。

一天，他又外出放猪，放着放着，远处隐隐约约传来一阵读书声，承宫不知不觉被吸引住了，寻着声音走了过去。

这是一所乡间小学，是由一位叫徐子盛的先生开办的。承宫走到由篱笆做成的围墙边，朝教室望去，只见好几个孩子，正在先生的指导下，高声读书。承宫简直听入迷了，好久好久，他才从读书声中清醒过来。猪儿已跑得到处都是，他赶快把它们赶到一起，匆匆回家。

这以后，承宫心情不能平静了，每次放猪出来，他都情不自禁要到学校外转一圈。后来，他干脆把猪往草地上一赶，便跑到篱笆墙下，坐着偷偷听徐子盛先生教书。他还找来一段树枝，在地上东写西画，老师在屋里讲，他就在屋外学，就这样，他学会了一些字。

这一天，承宫又像往常一样，把猪往坡上一放，就跑到篱笆墙下继续偷学。学着学着，忽然听得一声怒喝，接着头上噼噼啪啪挨了几下。承宫抬头一看，只见主人横眉怒目地站在面前，脸都气歪了。

原来，最近主人发现猪不像过去那样长得好了，便怀疑承宫不认真放猪。这天，承宫赶着猪儿一出门，他就偷偷跟在后面，想看看承宫是怎样放猪的。这一看，他全明白了，便气急败坏地给承宫一阵痛打。

承宫被打得哇哇直叫，哭喊不已，这时，正在教书的徐子盛听到外面的动静，赶忙跑出来询问是怎么回事。当他明白面前这位痛哭失声的孩子是因为想学习而耽误了放猪后，非常同情，并把承宫拉到身边，厉声对那位主人说："他还是个孩子嘛，你为什么这么狠心！今后他不再为你放猪了。"

徐子盛把承宫收留在学校里，让他帮助做点杂活，同时与学校的孩子们一起上学读书。

终于能到学校学习了，承宫非常高兴，他非常珍惜这个机会。每天，他都早早地起来，提前把一天的柴砍好，把水缸挑满水，把教室打扫得干干净净，然后等候先生和同学上学。上课时，他非常认真，识字、背诵、作文都处处领先。几年下来，他不仅阅读了大量的经史典籍，而且写得一手好文章，成为当时著名的文学家。

张霸勤学施教

学习永远不晚。

——高尔基

张霸，东汉时人，曾任会稽太守。张霸字伯饶，那么，为什么叫伯饶呢？话说起来还有一个典故呢！

张霸在五六岁时就已经开始学习《春秋》了。他人虽小，可知道用功，在听完父亲的讲解之后，便一遍一遍地背诵。到他7岁时便已经能把《春秋》背熟，而且能逐字逐句地讲解。张霸小小年纪这样用功，父母心疼，怕他累坏了，于是在他学完《春秋》之后，就不教他别的书了。张霸不理解父母的心情，还是缠着父母让他们再教《诗经》，父亲爱抚地摸着他的头说："儿啊，你年纪还小，不是爸爸、妈妈不愿意教你，实在是怕把你累坏了。""不，我饶为之。""饶"在古代汉语里含有"富饶"的意思，引申为"丰富"，用今天的话来说就是"我要丰富自己的知识。"父亲看着他那天真稚气的样子，不由得捋着胡须笑着说："好孩儿有出息，你名是有了，但'字'还没有，现在父亲再给你起个'字'，就叫你'伯饶'吧"。

后来，张霸经过刻苦学习，终于成为了东汉有名的学者。他曾经删改过《严氏春秋》，简明扼要地改编成"张氏学"，很受学界的欢迎。他来到会稽之后，看到当地文化落后，经济不发达，很痛心，感到要铲除愚昧，提高人们的文化水平是关键。于是，后来他在郡中倡导教化，兴办学堂，鼓励学者讲学。没多久，郡里的学习风气就兴起来了。

由于张霸在会稽郡省刑施教，推行教化，历来不太平的会稽地方风气为之一变：四境安定，老百姓安居乐业。老百姓感念张太守，把张霸的功迹编成儿歌到处传颂："弃我戟，捐我矛。盗贼尽，吏皆休。"

董遇巧用"三余"苦读书

> 敏而好学，不耻下问。
>
> ——《论语》

董遇，字季直，汉代陕西弘农人。汉献帝兴平年间，董遇家乡发生了人吃人的现象。后为生活所迫，董遇和他的哥哥只好远离家乡，到处流浪。为了糊口，他和哥哥成天上山砍柴，以柴换口饭吃，日子过得很艰难。

虽然日子过得苦，可董遇没有放弃学习的念头。每次上山，他都带着书和本，在砍柴休息的时候，就拿出书来读，有时还高声吟诵，他只要能读上书，比能吃上饭还高兴。他哥哥不理解而埋怨地说："咱家连肚子都填不饱，读书有什么用?"董遇听后，不恼也不火，因为他深知哥哥的好意。于是照样每天带书上山学习，哥哥见他"顽固不化"，也拿他没办法。

日积月累，董遇的学问越来越深，他先后为《老子》作了注释，并详尽地研究了《春秋左氏传》。附近的读书人都纷纷请他讲书，他总是和人家讲："先用心读吧，读上百把遍再说。"请教的人见他不肯讲解，很是失望。他解释说："不管什么书，只要认真读上百把遍，边读边琢磨，总会懂得它的意思的。如果还有不懂的地方，再讲也不迟呀!"请教的人说："您说的很有道理，可是我们哪有这么多的时间呢?"

董遇听到他们说没时间读书，便摇头反问道："为什么不利用'三余'来学习呢?""何为'三余'?"有的人向他请教。董遇解释说："'三余'就是三种空闲时间。冬天，冰天雪地，没有多少农活，这是一年里的空闲时间；夜间，黑咕隆咚，不便下地劳动，这是一天里的空闲时间；雨天，遍地泥泞，不好出门干活，也是一种空闲时间。如果把这'三余'都利用起来，不就可以读很多书吗?"

请教的人听了他的话，一个个都非常感激他的教诲。

诸葛亮勤奋好学

时间是由分秒积成的，善于利用零星时间的人，才会做出更大的成绩来。

——华罗庚

诸葛亮（181—234），字孔明，琅琊阳都（今山东省沂南县）人，三国时期蜀汉重要大臣，中国历史上著名的政治家、军事家、散文家、发明家，也是中国传统文化中忠臣与智者的代表人物。诸葛亮在世时被封为武乡侯，死后谥为忠武侯，所以被称为武侯、诸葛武侯，此外因其早年外号，也称“卧龙”或“伏龙”。

诸葛亮少年时代从学于水镜先生司马徽。诸葛亮学习非常刻苦，勤于用脑。不但受到司马徽的赏识，就连司马徽的妻子对他也很器重，喜欢这个勤奋好学，善于用脑的少年。

那时还没有钟表，记时用日晷，但遇到阴雨天没有太阳，时间就不好掌握了。为了记时，司马徽便训练公鸡按时鸣叫，办法就是定时喂食。诸葛亮为了学到更多的东西，便想让先生把讲课的时间延长一些，但先生总是以鸡鸣叫为准，这该怎么办才好呢？忽然，诸葛亮灵机一动，考虑到“若把公鸡鸣叫的时间延长，先生讲课的时间也就延长了”。

于是在随后的日子里，适逢上学时就带些粮食装在口袋里，估计鸡快叫的时候，就喂它一点粮食，鸡一吃饱就不叫了。

过了一段日子，司马先生很是感到奇怪，为什么鸡不按时叫了呢？

经过细心观察，才发现诸葛亮在鸡快叫时给鸡喂食。先生开始很生气，但不久还是被诸葛亮的好学精神所感动，对他更关心、更器重，对他的教育也就更毫无保留了，而诸葛亮也就更勤奋了。通过诸葛亮自己的努力，他终于成为了一个上知天文，下识地理的位饱学之人。

陈寿苦读经史

博学之，审问之，慎思之，明辨之，笃行之。

——朱熹

陈寿，字承祚，三国时人。在他刚出生时，骨瘦如柴，十分瘦弱。父母怕孩子难养，活不长久，便给他取了这样一个吉祥的名字。

小陈寿果然没有辜负父母的心愿，他一天天健康地长大了。在他五六岁时，他就开始跟着父亲在家中读书写字。他天资聪明，好奇心强，并且勤学好问。在他 19 岁那年就把家中的全部藏书读完了。他这时还在一所私塾里读书，私塾先生教的书本他很快就学会了。他的求知欲望已得不到满足，渴求学到更多新的知识。于是，他便恳求父亲，让他到很远的地方向一位叫僬周的老师求学，父亲心里虽不放心，但见孩子诚心十足，终于答应了。

小陈寿高兴极了，而后他便背着行李，带着干粮，急匆匆地上路了。经过十多天的辛劳跋涉，他终于找到了思慕已久的老师。

陈寿的老师谯周，对孔夫子的学说很有研究，被朝廷封为光禄大夫（相当于亲近皇帝的高级顾问官），是当时首屈一指的古代史学家。他开办的私学在巴蜀一带也最出名，许多豪门贵族都把子弟送到这里来读书。

陈寿初到这里，谯周见他是个10多岁的小孩子，不由得有些好笑。他想：到我这里来求学的人都20多岁，这个乳臭未干的小孩子到我这里来求学，岂不有损于学堂的名声。于是，他连哄带推地对陈寿说："你太小了，我这里不收小学生，快回家去，过几年再来吧。"

陈寿一听就急了，连忙上前哀求说："先生，您收下我吧，别看我年岁小，我已经读完了《诗经》、《书经》、《礼经》、《春秋》这些书，难道还不够格当您的学生吗？"

谯周听说他读了这么多书，有点不信，就出了几个题目来考他，没想到陈寿竟对答如流，使谯周十分惊讶。他见陈寿聪明伶俐，心中很喜欢他，但又考虑到他年龄太小，心中有些犹豫。小陈寿见谯周沉吟半晌，没有说话，便急忙走到他跟前抬起脚对他说："先生，我为了到您这里来，在路上走了10多天，把鞋底都磨穿了，您一定要收下我呀！"

谯周低头一看，只见陈寿脚下的鞋果然破了，底上穿了个洞，面上裂了口，脚丫子露在外面，有几个地方还结着污黑的血痂。他被这个少年顽强求学的精神感动了，一把拉住陈寿的小手说："好吧，先试试看吧。"

陈寿来到这里以后，给学堂增添了不少生气。从来没有一个学生读过的竹简、帛书，一捆捆一堆堆放在角落里无人过问，陈寿却把它搬了出来。每天，天刚蒙蒙亮，他就爬到山坡上去读书；当夜深人静的时候，同学们早已入睡了，只有小陈寿仍然独坐在书院的灯光下刻苦攻读。谯周的学堂里从来没有见过这样用功的学生，他非常喜欢这个年龄最小、最用功的学生，高兴地说："昔日仲尼弟子三千，贤人七十二，我几十个学生中出了一个陈寿，也算不枉终生为教啊！"

从此，谯周更加细心教导陈寿了。与此同时，陈寿也虚心地向老师请教。在谯周的指导下，陈寿进步很快。他精心研读了诸子百家的经典著作，钻研了六艺（诗、书、礼、乐、易、春秋）以及天文、历法、算术、医学等各方面的知识。他最爱读的是那些古代的历史名著，如《尚书》、《左传》、《公羊传》、《谷粱传》、《史记》、《汉书》等，百读不厌。春秋战国的群雄争霸，秦汉王朝的兴亡更迭，都引起了他莫大的兴趣。那时候，还没有发明印刷术，为了得到这些书，陈寿一面读，一面抄，一面背，那些精彩的段落，差不多都能熟背下来。他不仅被历史上那些动人的故事所感动，而且对那些写史的人也非常敬仰。他立志长大以后，也能当上一名史官，给后人留下一部史书。

从此，读书时，他不再满足于单纯的能记会背了，而是有目的地去研究、探索写史书的方法。

5 年寒窗，陈寿孜孜不倦地苦读，终于使他成为一个学识渊博、才华横溢的青年。这时他感到要写史书，光靠读书是不行的，更重要的是要搜集和整理资料。于是，他告别了谯周老师，回到了故乡。

回到故乡之后，陈寿开始注意搜集地方史料，留心乡间的知名人物，用这些材料进行编写史书的训练。经过数年的艰苦努力，他终于写出了著名的《三国志》，这部书凝聚了他毕生的心血。

在我国浩瀚的史书典籍中，《三国志》占有重要的地位。1000 多年以前，它就与《史记》、《汉书》、《后汉书》合称为“四书”，在“二十五史”中，它也是不可缺少的一部，是我国中华民族宝贵的历史遗产。

法显跋涉万里为取经

> 老冉冉其将至兮，恐修名之不立。
>
> ——屈原

法显（334—420），俗姓龚，佛教高僧，东晋司州平阳郡沙门（今山西临汾地区）人。他是中国佛教史上的一位卓越革新人物，也是中国第一位到海外取经求法的大师，杰出的旅行家和翻译家。

法显出生在一个虔诚的佛教家庭，3 岁时父母便把他送进寺庙当个童僧。20 岁时正式受戒当了和尚，直到终年。

少年的法显进了寺院，便没有了上学的机会。但他从小勤奋自学，虚心向有学问的老和尚求教，晚年又十分重视旅行实践，因此，十分博学。

公元 399 年，随着佛教由印度东传，在我国佛教界掀起了到佛教的发源地——印度取经的热潮。这时，年近七旬的法显为了取经求法和参访佛迹，不顾年老力衰，决定同数名僧人结伴离开长安。

他们一行从长安出发，第二年才到达敦煌。经过了水流湍急的黄河，越过了高耸入云的祁连山，经过了 1500 里远的白龙堆沙漠。在这些地方，上无飞鸟，下无走兽，望穿了眼睛，也休想找个安身之处，他们只能靠死人骨头来辨别方向。就在这样的路上，他们整整走了 17 天，到达鄯善以后，迎接他们的是一片更大的沙漠——世界闻名的被称为“进去出不来”的塔克拉玛干大沙漠。又走了一个月零五天，才见到一片绿洲，到达古代西域的佛教重地新疆和田。

但后来，从长安一道出发的旅伴，有的死于沙丘，有的半途折返，有的逝去。法显是一位勇敢的旅行家，没有丝毫怯懦，掩埋好同伴的尸首，又继续前进。在此后近十年的漫长岁月里，他不知疲倦地在南亚次大陆上奔波，其足迹遍及今天的巴基斯坦、阿富汗、印度以及印度洋上的美丽岛屿斯里兰卡。

法显到处追踪佛教发祥地的圣迹。他以旺盛的求知欲考察了印度等国的风土、人情和名胜古迹，更以虔诚的心情瞻仰了佛教胜地，但法显总感到不满足。他来印度的一个重要目的是取经，现在，这个目的还没有达到。于是，他又来到印度巴特那，这里有当时印度最大的佛教寺院，藏有很多重要经律，还有不少深通佛理的高僧来讲学。法显在这里住了三年，刻苦学习梵书、梵语，抄录经律，收集记录了许多珍贵佛教经典。以后，他又顺恒河东下，到达多摩利帝国，相传释迦牟尼曾来这里讲学，佛教也很盛行。在这里，法显又用两年时间，抄录佛经并画了一些佛像。

后来，法显又到了斯里兰卡，继续寻求国内没有的佛经。法显 78 岁的时候回到了祖国，他整理了 14 年的旅途见闻，翻译了所带回的佛经，最后写成了《佛国记》这一不朽著作。远在 1500 多年前，在人类还缺乏地理知识、交通条件又极为落后的情况下，年过花甲的法显，能完成这样一个穿行亚洲大陆并经南洋海路回国的大旅行，真是令人敬服。

车胤囊萤苦读

百学须先立志。

——朱熹

车胤，晋代南平（福建）人。他一生做过辅国将军、吏部尚书等官职。他的曾祖父车浚做过会稽太守，父亲车育曾任郡主薄。他博览群书，贯通古今，与当时文坛的著名才子吴隐之齐名，是东晋著名的学者。他人长得很俊秀，又有风度，而且驾驭语言的本领很强，说起话来诙谐有趣，因此，在当时一些文人学士中很有威望，大家都喜欢和他交朋友，一些盛大集会总缺不了他。

车胤在三四岁的时候就很懂事有礼貌，来家里的亲友常常夸奖他，都认为他长大了一定会有出息，并让他父亲好好培养他。

当车胤五六岁的时候，他父亲就教他读书写字，车胤聪明而且知道用功学习，读起书来废寝忘食。夜间读书需要灯光，他考虑到家里生活十分贫穷，老是半宿半宿地学习，哪来的钱买灯油？父亲虽然做过郡里的主簿，但为官清廉，在任上也没攒下什么，辞职以后家庭生活就更清苦了。一到天黑，小车胤就愁无法读书，只好白天多学点，夜晚默记背诵，别看车胤人小，心眼儿可灵了。

一个盛夏的夜晚，他坐在院里正为没法学习感到可惜时，忽然看见许多萤火虫一闪一闪地在空中飞来飞去，并发出点点亮光，愁眉不展的车胤心里刹那间豁然开朗了。他想，要是把这些萤火虫放在一起就是一个多好的不用钱买的灯啊！

于是，他找了一块粗布做了一个丝网，再找来一根竹竿，把丝网安在上面，然后来到窗前用网网萤火虫。可惜，院子里只有几只萤火虫，三下两下就网没。他把落在网里的萤火虫放到小瓶子里，擎着丝网杆子出了院门，在门口又网了几只，可是还不够。这时天已经很黑了，夜深人静，他大着胆子来到村口。村口地头草丛里的萤火虫可真多，他一口气网了好几十只。回到家里又做了个丝网，把捉来的萤火虫放进去，然后把网口扎上。透过丝网的空隙，萤火虫绿荧荧的光把屋子照亮了，这真比小油灯还强呢！车胤借着萤火虫的光，十分高兴地读起书来。

就这样，他每天晚上就着萤火虫读书，读了一本又一本，他的知识越来越丰富。最后成为东晋学者中的佼佼者，他的故事更为人们广为传颂，人们常用车胤囊萤夜读的故事来砥砺自己刻苦勤学。

葛洪刻苦学成大家

> 字字看来皆是血，十年辛苦不寻常。
>
> ——曹雪芹

葛洪（约281—341），字稚川，自号抱朴子。丹阳句容（今江苏）人。东晋著名医学家和炼丹术士。

我们知道，法国著名微生物学家巴斯德，在19世纪末对狂犬病疫苗的研究，做出了伟大贡献。然而，事实上，在巴斯德1500多年前，中国晋代的炼丹医学家葛洪，就曾提到过这种疫病的治疗方法，他所采用的，就是类似巴斯德采用的免疫法。他开创了用免疫法治疗狂犬病的世界先例，称得上是免疫学的先驱。

葛洪青年时期受社会炼丹风气影响，很喜欢炼丹医病。他虚心向人请教，努力学习关于医药保健和炼丹的知识，读过一些这方面的书。他自幼酷爱学习，由于父亲早逝，家境贫寒，买不起书笔和纸墨，只好上山去砍柴，把砍来的柴卖了，得了钱，买来纸墨，然后借了别人的书，抄下来阅读。他为了多砍柴多卖钱，天还没有亮，他就点着松明上山，直到天黑，才把一担担柴挑回家来，第二天再到集市上卖掉。这样，他白天根本没有时间读书，只好在晚上用功学习。在一盏昏暗的小油灯下，葛洪睁大了眼睛读书，疲劳一阵阵地向他袭来，使得他不断地打盹。他用冷水擦把脸，提提精神，又坐下来认真地读。他即使读到深夜，还要在睡前，把当天读过的书抄在纸上，准备第二天带上山去，在砍柴休息时再温习一遍。

有时，他在炼丹时，为了弄清一个问题，不怕千里迢迢，跋山涉水去请教别人。他到过吴兴余杭问道，认真研究了东汉炼丹家关于炼丹的书，从中得到很大启发。

在随后的日子里，他边学习边实践，躲到深山里专心致志地炼起丹来。

有一天，他把炼丹的矿物放进炼丹炉里，架起火来烧炼。他一边烧火，一边目不转睛地观察炉里面的变化。炼着炼着，出现了赤色晶体状的东西，他高兴极了，大声叫嚷起来：“金丹炼成了！”当然，这种金丹并不是人们幻想的那种长生不老的金丹。

除此之外，葛洪还总结了前人的经验，写了一部《肘后备急方》的医书，共4卷。“肘”，就是胳膊，“肘后”就是挂在胳膊上。《肘后备急方》，就是经常挂在胳膊上，以备应急之用的药方，是居家或外出都必须随身携带的医书。这部书讲到的急症有急性传染病、外科、儿科、眼科等，还附带讲了点六畜病，属于兽医的范围。大概是古人经常骑驴骑马外出，所以也需懂点六畜病的急救方法。在这部书里，葛洪对他研究的每一种病，都讲了病状、病因、治法和药方。

在这部书里，他还记述了一种叫“尸注”的病，说这种病的种类很多，粗分为36种，细分到99种。得了这种病的人，闹不清自己到底哪儿不舒服，只觉得发烧怕冷，浑身疲乏无力，精神恍惚，身体一天天消瘦下去，时间长了就会死亡，此病还会传给别人，造成全家人的死亡。葛洪所描述的这种“尸注”，其实就是现代医学上所说的结核性传染病。他对这种结核性传染病的症状和发展情况的认识，是符合实际的。结核菌能使人身上的许多器官生病，肺结核、骨结核、肠结核等都是结核菌引起的。

葛洪是中国最早观察和记载结核病的医学家。

祖莹勤奋夜读

故立志者，为学之心也；为学者，立志之事也。

——王阳明

祖莹，字元珍，北朝范阳遒县（今河北涞水县北）人。曾任太学博士、殿中尚书、车骑大将军，并有文集流传于世。

祖莹出生在世代作官的人家，小时候既聪明又勤奋，8岁就能背诵《诗》和《书》，并且还会做诗写文章。亲属们都称赞他是“圣小儿”，言外之意便是小神童。

祖莹读书非常刻苦。他总觉得白天的时间不够用，因此常常夜里攻读。父母怕他累坏身体，多次阻止，不让他夜里看书。但他学习如饥似渴，觉得晚上不读书太可惜。父母为这事常犯愁。一天，父母把家里的灯盏、烛台都藏了起来。祖莹知道这是父母不让他夜读，就悄悄地把火拣在小炉子里，然后盖上一层薄薄的灰。一到夜晚，他拨开灰层，将炭吹红，再用衣服被子把窗户遮上，不让光线透出去。就这样刻苦攻读，博览群书。

后来，为了学到更多的知识，他又拜当时的中书博士张天龙为师，跟他学习《尚书》。祖莹投师后，学习更加刻苦用功。

有一次，老师清早就要给同学们讲《尚书》，祖莹由于读了一夜没有睡觉，昏头昏脑地把另一个同学的一本《曲礼》当做《尚书》拿去上课。到了课堂才发现自己拿错了书，可是老师很严格，他不敢回去换书，只好硬着头皮听讲。这堂课刚好老师叫他读《尚书》。由于祖莹平时非常努力，早就会背《尚书》了，他虽然没带课本，可是凭自己的记忆，照样准确地把《尚书》背诵了3篇，一字不漏。北魏当政人物很注意这个远近闻名的“圣小儿”，后来便选拔他去做“中书学生”。这使祖莹获得了更好的学习环境，加上他刻苦不懈地攻读，长大后终于成为一个很有知识的学者。

王次翁借灯读书中进士

书犹药也，善读之可以医愚。

——刘向

王次翁（1079—1149），南宋齐州历城（今山东济南）人，字庆曾，号两河先生，崇宁进士。他学识渊博，五经六艺、诸子百家无不通晓。

王次翁自幼家贫，请不起教书先生，也没钱进学馆学习，读书全靠自学。学习是需要书籍的，王次翁买不起就向左邻右舍的读书人家借着看，借来之后就连夜抄写下来，然后赶紧把书还给人家。

工夫不负苦心人，在他不到20岁的时候，王次翁的学问已经很渊博了，而且他刻苦读书、自学成才的名声也在济南传开了，于是，很多读书人都主动地向他请教。有许多希望孩子成材的家长，也主动来拜访王次翁，恳请他教育子女。盛情难却，王次翁就开始设立学馆教学。由于他教书教得好，名气越来越大，因此，不但当地的来向他求学，还有很多不远千里背着书籍行李来向他求学的。他的学生越来越多，遍及全国各地。

王次翁虽然学问很深，可是毫不满足，仍锐意进取，后来他放弃了教学这一职业，又考进了京师太学学习。当时京师太学是全国最高学府，王次翁希望自己能在太学获得更多的文化知识。他进太学学习靠的是几年来教书积攒的一点钱，然而学费很贵，外加自己的吃穿与零花钱，他教书得来的那点钱很难维持，只能节衣缩食，把省下来的钱用在买学习用品和书籍上。晚上，他连点灯用的油都舍不得花钱买，就到邻舍太学生的房间里去与人家共用一盏灯读书。他一读书就是到半夜，人家困了想休息，可是看他读书那专心致志的样子又不忍心撵他走，只好陪着他读。时间长了，两个人在学习上相互切磋，倒成了很要好的朋友。王次翁在太学毕业以后，终于考中了第一名进士。

韩愈勤于致学

学无止境。

——荀子

韩愈（768—824）字退之，唐代文学家、哲学家、思想家，河阳（今河南省焦作孟州市）人。祖籍河北昌黎，世称韩昌黎。他是我国唐宋八大文学家之首，古文运动的领袖。

公元768年，韩愈出生在河南孟县一个有学问的家庭里。在他3岁的时候父亲便去世了，他由哥哥收养。

韩愈10岁那年，哥哥因故被贬官，他又随哥嫂流落他乡。一路上，哥嫂经常给韩愈讲故事，希望弟弟将来能够成才，重振家业。他们讲得最多的是古人业绩及其故事，以激发韩愈的进取心。如周文王坐牢写了《易经》，左丘明双目失明写了《左传》，屈原被放逐写了《离骚》，孙膑被削去膝盖骨写了《孙子兵法》，司马迁受了宫刑写了《史记》等等。当哥哥嫂嫂绘声绘色地讲完这些故事时，对幼年的弟弟说："人生是短暂的，历史却是永存的。你应该把这短暂的一生用在学习上，虽不求显赫一时，也要有所作为呀！"古人逆境成才的故事和哥嫂的期望，使韩愈很受启发。

于是在随后的日子里，他每天早晨公鸡一叫就起床，先到院中做一种名叫"八段锦"的体操，活动一下身体，然后回到屋里读书。他读书非常用功。由于吃饭时没菜，他就拿看书来下饭。在读书中，每当遇到困难，他总是反复默读琢磨，或者向当地有学问的人请教，直到弄懂为止，从不退缩，也从不浅尝辄止、一知半解。在学习过程中，他能够由浅入深，循序渐进，而不是东学一本，西看一段。这样他完整地读了大量的诗书和史书。

数年后，韩愈已经是一个有一定知识的青年了。他决定走出家庭，到社会上去锻炼成长。

到了洛阳，他过着清贫的生活。为了博览群书，他"贪多务得，细大不捐"。为了"将求多能"，他"蚤夜以孜孜"，"口不绝吟于六艺之文，手不停披于百家之编"。他起早贪黑读书，有时读到后半夜才睡觉。严冬腊月，他也舍不得生个炭火。砚台里的墨结成了冰，他就用嘴呵呵，等融化后再写，手冻僵了，搓搓手继续写；读书读得口干舌燥，喝口温茶继续苦读揣摩。他除了苦读、背诵、深思外，还勤奋地做读书笔记，他读不同性质的书有不同的笔记法，并坚持写出纲要。

韩愈19岁那年，他离开洛阳，来到京都长安。当时长安文坛上有一个很有名气的人，叫梁肃。梁肃是主张用先秦、两汉的散文（习惯上称古文）形式写作的一个大作家。韩愈得知后，欣喜若狂，决定登门求教。原来，韩愈在读书中，早就发现先秦、两汉的散文形式自由，语言活泼，有利于表达思想内容。这次，他自然不放过求学的机会。可是，当他头几次去拜访梁肃时，却未被接见。他毫不灰心，仍然多次去拜访。后来，他的诚心终于感动了梁肃，梁肃接待了他。打这以后，他在梁肃的指点下，古文的水平提高更快了。

以后，韩愈更加积极地倡导古文运动和从事古文写作。无论是给皇帝的上书，给亲友的书信，还是政论文、传记、小品文、杂感等，都是按着先秦、两汉的散文要求，精心撰写。文章的艺术性很高，雄奇奔放，感情充沛，曲折变化，流畅明快，在文坛上影响极大，因此，大家都爱读，而且学习他、模仿他的人很多。在他的倡导下，散文蔚然成风，深入人心，韩愈的名字也因此在文坛上永垂不朽。

韦述少年苦读成进士

玉不琢，不成器；人不学，不知道。

——《礼记·学记》

韦述，（？—757）京兆人，唐朝著名的学者、史学家，曾撰定唐朝《国史》112卷，当时学者萧颖士把他与《三国志》的作者、史学家陈寿相提并论。

韦述的父亲韦景骏也是个学者，曾任房州刺史，家中藏书十分丰富。韦述在小时候就养成了勤奋好学的良好习惯，还不到10岁的年纪，就已经把父亲珍藏的两千多卷书籍读得烂熟。

景龙年间，韦景骏调任为肥乡县令，全家也搬到肥乡县。当时名望很高的学者元行仲，是韦述的表兄，正任沼州刺史，肥乡县在其辖区之内，因此两家来往比较密切。韦述经常到元行仲家里去，去了之后便钻进元行仲的书房里废寝忘食地阅读，有时一直阅读到晚上也不出门。元行仲看到这个小表弟这样好学非常高兴。

有一次，韦述又来到元行仲家看书，元行仲就和他攀谈起来。一经谈话，他才发现虽然韦述年纪小，学问可不小，经籍史书他都通晓，随便提起历史上的某段史实，韦述都了如指掌，他对《五经》也造诣很深，议论起来，见解精到，简直不亚于当时第一流的学者。元行仲又试着让他写文章，韦述提起笔来一篇千字文竟一气呵成。元行仲十分惊喜，晚上就留下这个小表弟与自己睡在一起。

经过元行仲的指导，韦述有了长足的进步。过了几年，不过十几岁的年纪，韦述就进京参加科考。那年，恰好著名的学者诗人宋之问做主考官。宋之问见韦述又矮又小完全是个孩子，感到很惊奇，就对他说："韦学士，我看你也不过是十几岁的年纪，学业上有什么成就啊?"韦述毫不迟疑地回答说："我正撰写唐史，现在已经完成了30卷。至于策论与文章水平，那您等着考试完毕看结果吧!"宋之问笑着说，本来朝廷要选拔优异的人才，想不到却招来了像司马迁、班固这样的天才。经过科考，韦述果然中了进士。

开元五年，由栎阳尉秘书监马怀索负责组织元行仲、王于殉、吴兢等26位学者整理编写国家图书馆藏书目录，韦述也成为其中的一员。在整理图书的工作中，韦述仍保持着他勤奋好学的习惯。当时学者柳冲先整理完了200卷《姓族系录》的目录，韦述对谱系学非常感兴趣，于是白天在秘书阁完成自己所分担的任务，晚上就把《姓族系录》抄写完毕。这时他已经成了研究姓氏源流的专家，不但详尽掌握了中国的姓氏源流，而且还在研究古代姓氏演变的《姓族系录》一书的基础上又编写出研究姓氏谱系的《开元谱》20卷，丰富并发展了谱系学。他的严谨治学精神受到同僚的一致赞扬，并因而被晋升为学士。

《旧唐书》记载：韦述一生“在书府四十年，居史职二十年”，60 年中“嗜学著书，手不释卷”。唐朝时很多学者都想撰写出一部国史。著述《唐史》的工作早在令狐德棻时开始，直到与韦述同时代的学者吴兢为止，历经多少学者修撰都未完成。而韦述穷尽毕生精力，搜集素材，汇编撰写，终于完成的《唐史》120 卷。韦述撰写的《唐史》材料翔实，文笔流畅，言简意赅，的确不愧为宋之问所说的是“迁、固”之才。后来安禄山叛乱，京城被攻陷，长安一片火海。在火海中，韦述抢救出《唐史》，它成为以后张昭远等撰写《旧唐书》以及欧阳修撰写《新唐书》的重要参考资料之一，韦述为中华民族文化的传播与发展做出了不可磨灭的贡献。

司马光“警枕”促读

鸟欲高飞先振翅，人求上进先读书。

——李苦禅

司马光，字君实，北宋陕州夏县（今山西夏县）人，是我国历史上著名的政治家和历史学家。卷帙浩繁的史学巨著《资治通鉴》，就是出他主编的。

司马光自幼酷爱读书，尤其是喜欢读历史书。他虽然不聪明，但是看到别人有什么长处就下工夫学习，直到超过别人为止。比如，他小时候和哥哥、弟弟们一起学习，感到自己的记忆力比较差，便想办法克服这个弱点。每当老师讲完课，哥哥弟弟们读上一会便扔开书本跑到院子里去玩的时候。司马光便关上门窗，独自一遍又一遍地高声朗读起来，直至能流畅地背诵才肯罢休。除此之外，他还利用一切空闲时间，比如骑马赶路，或夜里不能入睡的时候，一面默诵，一面思考，久而久之，他不仅对所学的内容能够精通，而且记忆力也越来越强了，以至于后来在年轻时的所学竟至终身不忘。

司马光作官以后，读书更加刻苦。为了抓紧时间读书，他给自己设计了一套特别的卧具：一张木板床和一个小圆木枕头。有读者会问，为什么要用圆木做枕头呢？因为硬梆梆的圆木枕头，放在硬梆梆的硬木板床上容易滚动，读书困了睡着时，只要一翻身，枕头就滚走，头便跌在木板上。于是就惊醒了，可以马上起来继续读书，不会一觉睡到天亮。司马光给这个小圆木枕头起了个名字，叫“警枕”。

司马光长时期的勤学苦读，扩大了知识面，提高了认识水平，为今后的著书立说打下了坚实的基础。

《资治通鉴》的编修，前后历时 19 年。在《通鉴》的编修过程中，司马光付出了艰巨的劳动。相传，他每天很早起床开始工作，一直到深夜才就寝。每天修改的稿纸有一丈多长，而且上边没有一个草字。等到《通鉴》修完，在洛阳存放的未用残稿就堆满了两间屋子。司马光在他的进书表上说“平生精力，尽于此书”，这绝非虚语。

陆游“书巢”博览

博学而笃志，切问而近思。

——顾炎武

陆游，字务观，号放翁，越州山阴（今浙江绍兴）人。陆游从小就热爱读书。他的父亲是个藏书家，家中有书几万册，经、史、子、集应有尽有。陆游最爱读文学作品，特别是陶渊明、王维、李白、杜甫、岑参等的诗。有一次他看见一本陶渊明诗集，拿来就读，越读越觉有味儿，从下午一直读到晚上，饭都忘了吃。岑参的诗格调豪壮，内容多写边塞杀敌，他十分喜爱。有时他边喝酒边听别人念诗，醉意朦胧中，似乎感到自己同岑参一道，正驰骋在抗敌的疆场上呢！陆游在学诗的同时开始不断地做诗。从十二三岁起，他的诗名就渐渐为人所知了。那个时候，正是金兵入侵、中原沦陷、民族危机深重的年代。敌人的残暴、人民群众的英勇斗争，激发了他的爱国精神。他勤学苦练，为的是挽救国家的危亡。20 岁的时候，他就已经向往着"上马击狂胡，下马草军书"的战斗生活。所以，他一方面学习剑法，一方面研究兵书。他在《夜读兵书》一诗里写道："孤灯耿霜夕，穷山读兵书。平生万里心，执戈王前驱。战死士所有，耻复守妻孥。"翻译出来，就是：

孤零零的油灯照亮了落霜的黑夜，我在深山里熟读兵书，寻找打仗的窍门。

我很早就立下了驰骋万里的志愿，要拿起武器奔向前线，驱逐敌人。

爱国志士，从来就不怕牺牲，守着妻子儿女，这是可耻的行为。

陆游时时盼望着骑铁马、挥金戈，驱逐敌人，恢复失地。但在妥协投降派把持朝政的情况下，真是"报国欲死无战场"。他因为要求救国而遭受打击，被调来调去，做了几任闲官。"国仇未报"，而壮士已经进入了老年！陆游从 1189 年年底被罢斥到 1210 年去世为止，中间除去约有 1 年的时间到杭州主修孝宗、光宗实录以外，20 年的漫长岁月都是在故乡山阴度过的。在这 20 年里，他"身杂老农间"，有时还亲自到田间去劳动。他虽然遭到罢斥，而且已经老了，但并没有忘记灾难深重的祖国。他曾在《老马行》里写道："一闻战鼓意气生，犹能为国平燕赵！"然而统治者是不肯让他去"平燕赵"的。为了排遣"报国无门"的悲愤，更为了吸取历史经验、寻求救国之道，他又像 20 岁前后那样发愤读书，并且给他住的房子取了个很形象的名字："书巢"。还写了一副对联："万卷古今消永日，一窗昏晓送流年"。

有人问他："喜鹊在树上结巢，燕子在梁上结巢。上古有个有巢氏，是因为那时还不会修房子。尧帝时代，老百姓也曾经结巢而居，是因为那时洪水泛滥，平地上住不成。你现在幸而有房子可以住，门啊，窗啊，墙垣啊，应有尽有，和一般人的房子一模一样，却偏偏叫做'巢'，这是什么原因呢？"

他回答说："在我的房子里，柜子中装的是书，面前堆的是书，床上枕的、铺的也是书。总而言之，一眼望去，除了书还是书。而我呢，饮食起居，疾痛呻吟，悲忧愤叹，始终和书纠缠在一起。……偶然想走动走动，却被乱书包围起来，简直寸步难行；有时我自己也笑起来说：'这岂不是我所说的巢吗？'"

客人不信，陆游便带他走进"书巢"看看。起初，客人被书挡住了，进不去，后来，好不容易钻进巢里，又被书围得水泄不通，左冲右突，还是出不来，于是哈哈大笑道："一点儿也不假，像个巢，像个巢！"

陆游还有一间房子，叫做"老学庵"，这名字就是活到老、学到老的意思，里面也放了很多书，他在里面著书立说，曾写了一部《老学庵笔记》。

当然，"书巢"、"老学庵"读书，并不可能真正排遣他的愤懑情绪。面对"三军老不战，比屋困征赋"的现实，仍然唱出了"为国忧民空激烈"的悲壮诗句。直到临死的时候，还因"逆胡未灭心未平"，写了一首洋溢着爱国激情的《示儿》。

范仲淹划粥苦读

读不在三更五鼓，功只怕一曝十寒。

——郭沫若

范仲淹（989—1052），字希文，北宋苏州吴县（今属江苏）人，是宋朝著名的政治家、文学家。

范仲淹出身贫苦，在他2岁时父亲便去世了。由于母亲无法维持一家人的生活，后带着他改嫁到朱家。范仲淹自幼志向远大，酷爱读书，并经常规劝朱氏兄弟努力学习。朱氏兄弟不知好意，反而反问道："我吃朱家的饭，穿朱家的衣，与你何干？"范仲淹闻此，又惊又疑。后来别人告诉他母亲改嫁之事，为此，他感愤之极，自立门户，告别母亲，住进长山醴泉寺的僧房苦读，这年他才10岁。

在这一时期，他生活异常艰苦，每天晚上用粳米熬稀粥一锅，待冷凝之后，划成4块，早晚各吃2块，再切几根腌菜。这就是著名的"断齑划粥"的故事。

范仲淹在醴泉寺苦读3年之后，为了学到更多的东西，他风餐露宿，不远千里来到南都（今河南商丘）寻师访友，进了当时著名的南都学舍。

在南都学习期间，他仍像以前一样食粥苦读。他有个同学是留守的儿子，见他生活如此艰苦，就回去告诉父亲。父亲听了很感动，吩咐儿子带些肉饭给范仲淹吃。然而，过了几天，这个同学又到范仲淹这里来，发现他送来的饭菜已经坏了，可是范仲淹却一口也没有吃。该同学便不解地问："家父听说你生活清苦，特地让我送些饭菜；而你却不吃，是不是怕玷污了你的品德？"范仲淹回答道："我很感激你们的厚意，但我吃粥已经吃惯了，如果现在吃这样好的食物，以后吃不了苦怎么办呢？"

在南都学舍，他昼夜苦读，困倦了就用冷水洗脸浇头，实在瞌睡就和衣睡下，醒来继续攻读。有时，他每天连两顿粥都吃不上，往往只到黄昏时吃一顿，既是早餐，又是晚餐。就这样勤学苦读了5年，获得了渊博的知识。

由于范仲淹长期刻苦治学，积累了丰富的知识，终成为我国历史上著名的政治家和文学家。

宋濂求师宁吃千般苦

我们要像海绵一样吸取有用的东西。

——加里宁

宋濂（1310—1381），字景濂，号潜溪，明初大臣，文学家，与刘基、高启并称为明初“三学士”。

宋濂从小就酷爱学习，但家贫买不起书。为了读书，他常找当地藏书富甲一郡的郑义门借书。书一借来，他就抓紧一切时间抄完送还，从不过期。由于他爱学习，守信用，才能常借到书，这样使他读了很多书。

20岁以后，宋濂的求知欲更强烈了，他渴望得到名师的指教，却苦于找不到名师，又没有学识渊博的朋友一道研究学问，为此宋濂常常感到苦恼。

一天，有人告诉宋濂百里以外的地方有一个学识渊博的老先生，向他求学的人众多，是个难得的良师。

听到这个消息，宋濂十分欣喜，立即决定登门拜师。

当时正值数九寒天，穷困的宋濂却穿着草鞋裹着一件破棉袄出门拜师。凛烈的北风刺骨，爬高山，越深谷，几尺深的积雪更使他举步艰难。脚冻裂了口子，四肢冻得麻木了，宋濂却全然不顾，一心拜师求学，后来严酷的风寒冻得他无法支撑了，幸好被一位好心的客店主所遇救护。

宋濂求学，更是不易。那位老先生对待学生的态度非常严厉。每次求教，宋濂都要恭恭敬敬地站在教师的身旁，小心翼翼地提出问题，探问究竟，然后躬腰曲背倾耳等候解答。就是这样，老先生有时也会不耐烦，宋濂还要常常遭到无端的呵斥，甚至是没有自尊的训责。

宋濂遭到这样的呵斥，心里有时也无法承受，泪水常会不争气地涌出来。但他想："自己是来求学的，为的是向老师学得知识，不能计较先生的态度。"因而他常以张良进履的故事来激励自己，极力的抑制住要流出的眼泪，掩饰自己为求学而丧失自尊的痛苦，对老师的态度反而更恭谦了，礼节更周到了，耐心地等到先生高兴时，再提出问题请教。

当时与宋濂同学的人，大都是些纨绔子弟，衣食住行非常奢侈。宋濂却从不羡慕他们，更不觉得自己寒酸，他常想："虽口体之奉人也，以心中有常乐者也。"因而，求师更加虔诚，修学更加刻苦。

后来，宋濂又先后拜过元末著名的古文家吴莱、黄溍、柳贯等人为师。求师时总是不顾酷暑严寒，顶风冒雨，长途跋涉；又常常是衣不遮体，食不饱腹。即便在条件好的时候，他一天也只能吃两顿饭。但他从不把这些难耐的苦痛放在心上，却把求得高师、得到真知看作是最大的快乐。

宋濂不辞劳苦、虔诚求师的精神为后人所敬仰，历来被传为佳话。宋濂更无负于求师的艰难而潜心修学，使他的史学知识博大精深，文采出众，散文名噪于世。平生著述极富，主修了《元史》，著有《宋学士文集》75卷、《浦阳人物论》、《孝经新说》、《龙门子》等，在当时影响很大，蜚声海内外。

王守仁笨鸟先飞

> 学问是经验的积累，才能是刻苦的忍耐。
>
> ——爱因斯坦

王守仁是我国明代中叶著名的哲学家和教育家。他出生在一个封建贵族家庭，父亲官至兵部尚书，但是，王守仁似乎一点儿也没有遗传到父亲的聪明。

他5岁了还不能说话，当时大家都以为他是个哑巴，有的人还以为他根本就是一个白痴。但是他父亲不这样看，他觉得王守仁只是生病了，他四处寻访名医，只要听说哪里有名医，就派人去请。到王守仁6岁时，终于把病医治好了。

王守仁病好之后，智力却显得一般。因为小时候不会说话，也没有读过书，因此，比起别的小孩儿，他显得更笨拙一些。有人风言风语："他这么迟才开始学说话，当然笨啦！也别指望他以后会有大出息。"

小守仁本来就觉得自己比别人笨，现在又听到别人这样嘲笑自己，心里更加难受。他跑到父亲怀里哭诉："父亲，别人都说我笨，我真的很笨吗?"

父亲听了他的话说："孩子，你不笨。为父一定好好教你，你会有出息的。不用在乎别人的嘲笑，你自己发愤努力，争口气让那些人瞧瞧，好吗?"

有了父亲的鼓励，王守仁又有了信心。他始终记得父亲曾经给他讲过的"笨鸟先飞"的故事，并时时提醒自己要努力学习。平时读书，别人读一遍，他就读两遍、三遍，甚至十遍。他抓紧时间，把别人玩耍的时间都花在学习上了。白天他认真听先生的课，放学后，趁着还没有吃饭或者吃饭后的时间，一个人跑进父亲的书房认真读书，直到家人催促他吃饭、睡觉。年年如此，从不间断。

父亲见王守仁如此争气，心里很是高兴。他也耐心给王守仁辅导功课，有时还请一些大学者给他辅导。家里来了客人，谈论天下大事的时候，也让王守仁站在一边，向别人学习。

母亲见了也非常欣慰，更加细心地照顾他。她不仅给他收拾出一间书房，还不许别人去打扰他读书。

就这样，在父母的鼓励支持和他自己的努力下，王守仁的学习成绩提高很快。先生的提问，他也回答得很有主见，最后竟成了先生的得意弟子。

就这样，王守仁凭借笨鸟先飞、刻苦勤奋的精神，长大后成了著名的哲学家和教育家。

魏源持勤终成大作

为学正如撑上水船，一篙不可放缓。

——秦观

魏源（1794—1857），字默深，清代湖南邵阳人，他是中国近代杰出的爱国主义思想家、史学家、文学家，也是最早向西方学习的革新家之一。由于魏源从小沉默少语，喜欢一个人静坐，因此被人取号为“默深”。

在魏源七八岁时，家人便把他送进了书塾学习。在他上学的时候，他读书很用功，尤其是喜爱阅读诗文、史地方面的书籍。白天在书塾里，当小伙伴们嬉闹玩耍时，他却总是一动不动地坐在座位上，津津有味地读着先生讲过的文章。这一切都被教书先生看在眼里。在平日，先生总是捋着胡须，语重心长地对自己的学生说：“你们当中无论是谁，要想成大器，我看非有魏源这种刻苦勤奋的学习精神不可……”

事实上，魏源在家里也是如此，他往往读书到深更半夜，有时遇到好书便爱不释手，一直读到天明。母亲见此情景，很是心疼，怕他小小年纪累坏了身体，因此，常常催他早点休息，魏源虽然嘴上应允着，却迟迟不肯放下手里的书。母亲无奈，只好把灯吹灭逼着他去睡觉。但是等到母亲入睡后，魏源却又悄悄地起来，点上油灯，用被子遮着灯光，继续津津有味地读自己的书。

由于魏源读书刻苦，小有成绩，因此，在他9岁那年，魏源便被家人送去县里参加了童子试。

考试这天，几十名儿童熙熙攘攘上堂，县令亲自主持童子试。点名时，县令见魏源眉清目秀，举止潇洒，落落大方，但不知才学如何。于是，便把魏源叫到身旁来，指着自己茶杯上画的太极图对他说：“杯中含太极”。

当时，魏源的怀中正揣着母亲给他的两张大饼，他用手摸了摸胸口，灵机一动，从容地答道：“腹内孕乾坤。”

在场各位听后都很震惊，县令也觉得奇怪，便追问他：“何谓乾坤？”这时，魏源镇定自若地回答说：“天地谓乾坤，我怀中揣着的两张大饼，不正像乾坤吗？我吃了两张大饼，就要考虑天地间的大事。”县令听此，连连点头表示赞同，并夸奖他年纪虽小却身怀大志。

后来，在魏源21岁时，他便随父亲来到北京。虽然外界环境变了，但是魏源那股勤奋学习的劲头并没有变。他曾给自己定下了一条规矩，即要“足不出户，闭门读书”。他博览群书，废寝忘食。父亲多次劝他说：“孩子，京城的一切都是新鲜的，你应当出去看看，也好换换脑子休息一下。”

可魏源听后，指了指桌上的书回答说：“等我看完了这几本，一定听从父亲的话……”

可是父亲哪里知道，待桌上的书看完了，魏源又会拿来新的，所以，魏源的书总也看不完。

当时，大学士汤金钊非常赏识魏源的才识，对他十分器重。两人经常在一起探讨学问，魏源尊称汤金钊为恩师，并从他身上获得了不少教益。

有一天，大学士汤金钊捧着一部《大学》古本，对魏源说：“这是一部前人留下的著作，只是太繁杂了，许多人曾对它做过整理，可惜却没能有满意的注释。如今，只好请你来完成了。”

后来，待魏源接受这一任务后，先后有50多天没有去拜见汤金钊，汤金钊以为他病了，便亲自登门探望。

魏源听说汤金钊来了，便匆忙外出迎接。汤金钊抬头看去，只见魏源蓬头垢面，满脸胡须；汤金钊以为是魏源的仆人，便说道：“快去转告魏源，说他的先生看他来了。”

这时候，魏源向汤金钊深深一躬，转身回屋捧出了那部《大学》古本，说：“恩师，学生尊命，已将此书注完，请过目。”

汤金钊见状，感慨万千，不禁叹道：“你勤学之罕见，竟至于此！”

原来，魏源在这50多天中，脸不洗，头不梳，夜以继日地完成了《大学》的整理和注释。

戴震善问勤思

发奋识遍天下字，立志读尽人间书。

——苏轼

戴震，字东原，安徽休宁人，清代著名的考据家、思想家。

戴震10岁入学读书，记忆力超强，每天坚持熟读几千字的文章；而且他读书喜欢追根寻底，力求弄懂，从不一知半解。

有一次，老师讲《大学》一书，这是儒家经典著作“四书”之一，讲完了“大学之道”一段以后，老师高声说：“这一章叫《经》，是孔子说的话，由曾子记述的；以下的十章叫《传》，是曾子的见解，由曾子的学生写下来的。”

戴震一边认真地听讲，一边思索着老师的每一句话。老师讲完后，戴震上前问道：“老师您这么讲有什么根据呢？”“这是朱熹说的。”老师回答。戴震接着又问：“朱熹是哪个朝代的人？”“宋朝。”“那么，孔子和曾子又是什么时代的人呢？”“都是周朝人。”“周朝和宋朝，相隔多少年？”老师说：“差不多有两千年。”“既然如此，那么朱熹又是根据什么了解得那么清楚呢？”老师被问住了，无话可答。他佩服这位学生打破砂锅问到底的精神，赞叹地说：“真是个了不起的孩子啊。”

朱熹是南宋时代的哲学家，他创建的理学被明清两代统治者尊为儒学正宗。可是小小年纪的戴震并不盲信这位大人物，对他的《四书章句集注》提出了大胆的怀疑。实际上，戴震的疑问提得很有道理。后来有人考证出

《大学》并非曾子及其学生所作，而是约为秦汉之际儒家的作品。

从这以后，老师讲课更加认真了。当他发现自己的知识已满足不了戴震的要求时，就把许慎的《说文解字》和其他字典、词典交给戴震，让他自己去查阅。戴震在读经书时常常查阅这些工具书，又找来汉代经学家解《经》的各种著作，互相参照、比较、考证。对每个字都穷本溯源，贯串群经，给予确切的解释。经过 3 年多时间，他把前人汇编的《十三经注疏》等有关著作都研究一番，掌握了非常丰富的知识，终于成了著名的一代考据大师。

戴震博闻强记，除精通经学、语言学外，对天文、数学、历史、地理均有深刻研究，著有《原善》、《孟子字义疏证》、《声韵考》等。乾隆年间修《四库全书》，他被特召为纂修官。这些成就的取得，是同他学生时代的刻苦钻研分不开的。

练恕学习勤苦

> 鸟欲高飞先振翅，人求上进先读书。
>
> ——李苦禅

练恕（1821—1838），字伯颖，广东连平州（今连平县）人。他 16 岁就成了清代著名的史学家。

1821 年，练恕出生于一个书香世家。父亲练廷璜是一位重视读书且颇具文采的地方官，练恕 7 岁就随父亲到江浙读书。练恕聪敏过人，学习刻苦。他 9 岁读完“五经”后，又开始攻读各种史学名著和诸子百家著作。13 岁时，他已经精通了 13 种经书，以及《史记》、《汉书》、《后汉书》。这时，他已能用文言文流畅地写文章了。14 岁时，练恕又遍览了中国编年体历史巨著《资治通鉴》。这部巨著共 354 卷，上至周威烈王、下迄五代后周世宗，共记述了 1 362 年的史实。这部巨著能载一车，14 岁的孩子能遍览，实在令人惊叹！

那时，读书做官是一般文人的必由之路，父亲希望他早习应试文章，好金榜题名，光宗耀祖。练恕却不愿为科举而死读书，立志献身于祖国的史学大业。

15 岁时，练恕染上了“咯血疾”（肺结核）。父亲命他放弃学业，安心养病。他却常常躲开父亲，把书带到僻静的地方，一看就是十一二个小时。练恕读书，不是死记硬背，而是独立思考。遇到疑义，便找来其他的书比较对照，把正确的结论记在纸上。

勤奋和天才使练恕治学的效果远远超过常人。他的汉唐史学功力，已超过了一般宿儒。父亲用《史记》、《汉书》中的事件考他，他能对答如流。人们谈论史学时，只要有误，他就立即指出。一次，父亲读沈东甫的《新旧唐书合钞 · 序》，念到“刘司徒”怎样怎样时，练恕立即插言说：“‘司徒’是‘司空’之误。因为刘司空的名字叫刘晌，生前只做过司空。”父亲不信，就拿来《五代史 · 刘晌传》查看，果然是练恕说得对。练恕爱和父亲的同僚们一起讨论学术问题，并能言中要害。父亲的同僚们自叹：“廉颇老矣！”

翻开《二十五史补编》，署名练恕的著作就有 4 种，令人难以置信的是，这些与史学大师并列的专著，竟会出自一个十几岁的少年之手。练恕从 11 岁起便开始编著《后汉公卿表》，寒暑不辍，总共三次易稿。他 15 岁患病的时候，又写出《五代地理考》等 3 部史书。他还有 2 种未收入《二十五史补编》的历史专著和杂文 11 篇，也无不闪烁着智慧的火花。

16 岁时，练恕肺病复发，吐血不止。父亲强迫他停止著述。此后，他的病情日趋恶化。道光十八年（1838 年）五月，练恕在他父亲所在的上海县署病逝，年仅 18 岁。

阎若璩勤以补拙

鸟欲高飞先振翅，人求上进先读书。

——李苦禅

阎若璩，字百诗，号潜丘，山西太原人，后迁居江苏淮安。他是清代著名的考据家。

阎若璩出生于一个书香世家，父亲对他寄予很大的希望。可他从小口吃，又很愚钝。6岁上小学时，一篇文章即使读了多遍，他还背不出。老师认为他实在不是读书的材料，就找到他的父母商量，劝其退学。但阎若璩坚决不肯，在他的苦苦哀求下，老师才勉强同意他留一段时间。

阎若璩为了能够继续在校学习，他放弃了几乎所有的休息和娱乐时间。别的孩子在玩游戏，他却在学习。他就是这样艰难地“爬行”着。

阎若璩本来就多病，再加上他勤奋读书，休息不好，所以身体越来越坏。母亲心疼他，于是就不准他学习，只要一听到读书声，便将他手中的书夺走，加以制止。阎若璩没法，就不敢背出声来，而是默记，又怕被母亲看见，所以总是偷偷躲着看。

15岁那年，在一个寒冬的夜晚，他读到一段书，但怎么也弄不懂它的意义，心里十分焦急。已经打过了四更，天气又那样寒冷，但是问题没有解决，他难以安心睡觉，独自坐在那里苦思冥想。忽然心中一亮，将该问题搞懂了，他感到非常高兴。从此，凡碰到疑难问题，他都下决心弄通弄懂，从不放过疑点。阎若璩就靠这种好学肯钻的精神弄通了许多问题。这也使他认识到，只要肯学，愚钝也会变成聪明，不知也会变成多知，从而增强了学习的信心。

从此，阎若璩下苦功钻研经史，寒暑不避，日夜不止。并把古人的话“一物不知，以为深耻；遭人而问，少有宁日”写成对联贴在柱子上，作为自己的座右铭。

阎若璩也正是这样做的。他 20 岁的时候就怀疑《古文尚书》其中的“古文”25 篇并不是真正的古文，后来一直把这个问题放在心里。经过 20 多年的钻研、考证，他查看了大量书籍，用丰富而精确的材料证明那 25 篇是东晋梅赜的伪作，并且写了《古文尚书疏证》一书，推翻了《古文尚书》1 000 多年的假案，轰动了清初的学术界。

他的学术成果，至今还被专家学者引用。他的精诚所至、金石为开的求学精神，一直激励着后人去攀登、去创造。

王闿运刻苦治学

三人行，必有我师焉，择其善者而从之，其不善者而改之。

——孔子

王闿运（1833—1916），晚清经学家、文学家。字壬秋、壬父，号湘绮，湖南湘潭人。

清朝末年，王闿运出生于湖南湘潭的一个偏僻乡村里，由于他长得呆头呆脑的，邻居们都把他看成一个傻孩子，连父母都不喜欢他，认为他将来不会有什么出息。他记忆力又差，人家让他记点事，一转眼他就会忘得一干二净。

到了该读书的年纪，父亲把他送到学馆里学习，老师让他背诵课文，他从来不能把一段课文完整地背诵下来，有时候站在那里竟然连一个字都背不出来，急得他直用手敲脑袋。

王闿运虽然愚笨，可是上进心很强，他用比别人多几倍的时间来背诵课文，白天的时间不够用，他就晚上来背诵，不背诵下来就不吃饭也不睡觉，直到背会了为止。他刻苦致学，无论严冬酷暑，从不间断。凭着顽强的毅力，王闿运终于在十四五岁时对所学的文章能流利地进行讲解，并且对那些古奥艰深的文字也能逐一解释，从而他对训诂学发生了兴趣。到了20岁左右，文章已经写得相当好了。而在他二十七八岁的时候，已经对历史典籍有了深刻的研究，终于在咸丰三年（1853年）考中了举人，成了著名的学者。后来他在山东设馆教学。

山东巡抚崇恩非常钦佩他的才华，把他待为上宾，当崇恩由山东前往北京就任肖书职务时，又把王闿运推荐给当时官居要职的肃顺，于是王闿运就作了肃顺的慕僚。肃顺对他尊之为师长，事无巨细都要向他请教。然而王闿运落落寡合，不善于混迹官场，后来自动引退，专门从事教育事业。

薛暮桥秋中勤学

人非生而知之者，孰能无惑？

——韩愈

薛暮桥，原名雨林，江苏无锡人。我国著名的经济学家。他在理论经济学方面的知识，在世界上也具有权威性。他先后写有《政治经济学》、《中国农村经济常识》、《中国社会主义经济问题研究》、《我国物价和货币问题研究》、《按照客观经济规律管理经济》、《当前我国经济若干问题》等著作。

1979年，薛老赴美考察，美国的许多著名教授都纷纷移樽就教。薛老引经据典，侃侃而谈。教授们都被他的渊博知识、深刻见解，还有他那一口流利的英语所倾倒。在他们眼中，薛老倘若不是英国的“牛津”、德国的“汉堡”大学毕业生，也一定是中国的“清华”、“北大”等名牌大学的毕业生。因而，当他们听到薛老十分自豪地说自己只是“牢监大学”的毕业生时，在座各位听后无不禁瞠目咋舌，感到不可思议。

然而，这都是事实。薛老虽做过大学教授，自己却从来没读过大学，他的知识大都是在牢监中学到的，其中包括最深奥的哲学和政治经济学。

1926年，20岁的薛暮桥任杭州笕桥车站的站长，同时又是我党身负重任的年轻革命者。在震惊中外的“四·一二”反革命政变不久，薛暮桥等同志在开会时，由于奸细告密，在杭州被国民党反动派逮捕入狱。

我们知道，当时白色恐怖最为猖獗，入狱当晚反动派就从狱中一下子提出8个共产党人枪毙了。薛暮桥和当时许多革命者一样，唯一的念头就是准备慷慨就义，高呼“共产党万岁”为革命捐躯。

与此同时，他们牢中有一个人却居危若安，每天总是在狱中那昏暗的光线下孜孜不倦地潜心读书、学习，边读书边用指甲在字行中划道道，做圈点，好像这不是敌人监狱，而是他家的书斋。他就是我党早期赫赫有名的革命家张秋人同志。

有一天，他读书完了，把书往铺上一掷，说：“敌人还想玩什么花样，怎么还不枪毙我。”薛暮桥惊奇了，说：“你既然准备死，为什么还天天读书学习呢?”

“共产党人活着一天，就要为党工作一天。”张秋人诚恳地说，“在外面是天天闹革命，在牢里不能闹革命了，就要天天学习，哪天死哪天才算学完!”

张秋人这一番高瞻远瞩的见解，如电闪雷鸣般顿时使薛暮桥豁然开朗。是啊，列宁曾经说过：监狱是革命者的锻炼所，而不是格斗场。我们共产党人就得生命不息，学习不止，这样我党的素质才会不断提高。

从此以后，薛暮桥便决心向革命前辈学习，为出狱后的革命斗争做准备。在随后的日子里，他白天向张秋人学习，晚上听张秋人给他们上课。

然而，这种时间不长，头一天张秋人还给他们讲“二·七”的历史，第二天却被敌人拉出去枪毙了。张秋人虽然壮烈牺牲了，但他的高大形象常在薛暮桥眼前浮现，他的谆谆教诲，时常在耳畔回响：“共产党人活着一天，就要为党工作一天，要天天学习，哪天死哪天才算学完！”恭暮桥愈加坚定了学习的信念。

反动派见对共产党来硬的不行，就来软的，他们把薛暮桥等一大批人转押到“反省院”。妄图用教唱《小尼古思凡》、《西宫怨》等颓唐歌曲“陶冶”这些“赤色分子”；又妄图用佛经一类书来麻醉瓦解这些政治犯的思想武装；并又用“三民主义”等书来给“反省人”洗脑筋。

有趣的是，愚蠢的敌人却给了革命者合法斗争的武器，他们自己并不看“三民主义”，而薛暮桥自己却研究起这本书来。

事实上，薛暮桥他们尽量利用敌人的愚蠢进行合法的学习。例如他们利用合法的途径买“不合法”的书。有时敌人突然来“抄笼子”，他们就用油纸把书包起来放进马桶里，使一些来之不易的珍贵的书，一次又一次转危为安。

当时学习最难解决的是笔墨纸张，可这也没难倒他们。在狱中，写信要在指定的时间到指定的地点去写。他们在写完信时，趁看守不注意把墨咬一口含在嘴里，然后赶紧回笼子把墨吐在早已准备好的针药小瓶子里，再加上水调匀，就成了墨水。至于笔，把扫帚柄的芦苇杆子削尖就可以代用。有了笔墨，纸张就容易了，包药的纸，佛经书的反面都可以大写特写。为了节省纸墨，大家还练了一手能把字写得很细很小的本领。

后来，薛暮桥和难友们用这些简陋的书写工具甚至还办起了秘密刊物——《火星》，该刊物是给政治犯看的，它会经常刊登些学习心得或者由外面带进来的党的文件摘要；而一个叫《洋铁碗》，则是给普通群众看的，主要登教育群众的短文。稿件是先由投稿者写在包药片的纸上，然后由

"编辑"们抄写在佛经的背后，最后大家传阅。后来为安全起见，又办起了"盆报"，即把稿件内容写在白脸盆上，大家传阅，如遇敌人突然来"抄笼子"，就用湿布把字一揩了之。

为了掌握更多的知识同敌人周旋，薛暮桥又和同志们起劲学起外语来。因为那些不学无术的狱卒是不懂外语的，外语的理论书就可以公开拿进来学习。他们组织了一个世界语小组，薛暮桥是组长。他们与上海世界语函授学校挂上了勾，这个学校定期寄给他们讲义，每周都有练习题，大家都认真做作业，最后集中到薛暮桥那里，由他选择、修改成一份答案寄给上海的世界语函授学校。薛暮桥的世界语进步很快，在函授学校毕业考试时，寄去的毕业论文《牢狱中的一天》受到函授学校的好评，并被刊在世界语学会的《绿光》杂志上发表。学好了世界语后，薛暮桥又自学起英语来。由于掌握了外文，薛暮桥趁机大量地学习起马列主义书籍、经济理论和其他各种书籍。他一头钻进书堆里，把牢监变成了自修大学。

在数年的监狱生活中，薛暮桥学习了世界语、世界通史，但读得最多的是西方和苏联学者的政治经济学著作，这些为他后来成为"中国经济学界的泰斗"奠定了基础。

3 年后，薛暮桥出狱。他辗转各地寻找党组织，并开始把牢监学到的知识应用到实践；他参加"中国农村经济研究学会"工作，主编《中国农村》杂志，并在广西专科师范任教授。后来，又到新四军任教导队训练处处长，一直从事经济理论的教学研究工作。

李四光14岁留学日本

千教万教教人求真，千学万学学做真人。

——陶行之

李四光是中国当代著名的地质学家，地质力学的创始人。他曾任中华人民共和国地质部部长，中国科学技术协会主席。

李四光出生在一个多子女的贫穷家庭里，家中兄弟姐妹7人，爷爷长期卧病在床，全家人就靠当教师的父亲的微薄收入来支持家用，日子过得很艰难。

从小，李四光就很懂事，为了减轻家中的负担，他常常主动帮父母亲干活。一有空，他就跟着父亲认字读书，他太想坐到教室里学习了。但是，由于家庭困难，他一直上不起学。

一天，他听说省城武昌开办了官办小学堂，而且不收学费，成绩优秀的学生还能被保送到日本去留学。李四光非常高兴，他决定去报考。

这天，他帮助母亲干完活后，认认真真地对父母亲说道："爸爸、妈妈，我想去武昌报考小学堂上学。"武昌离李四光的家乡黄冈有100多里地，而且人生地不熟，他年龄又小，父母亲对此不放心，劝他道："等你长大了，再送你去读书吧！"

"长大了，就错过学习的好时光了，我现在就想去。而且，我也会照顾好自己的，请你们放心。"李四光诚恳地向父母请求，他不愿意错过学习的机会。

看着聪明好学又懂事的孩子，父母心动了，但他们还是放心不下，毕竟李四光一直没有上过学堂啊，能否考取也是一个问题。

"如果考不取，那就只有等以后你长大了再去武昌求学，怎么样？"父母亲向他提出了条件。

李四光见父母同意他去报考了，兴奋地点点头，答应了这个条件。

这真是来之不易的机会啊，李四光十分珍惜，他积极准备，决心要考取。父母为他筹借了一点盘缠，送他一人上路了。这是他第一次独自一人出远门。

到了武昌，他马上跑到考点报名。人们见到他这个小孩子一个人来报名，而且又是从乡下来的，根本没有把他放在眼里。可是，等到考试一发榜，正是这位不起眼的乡下孩子考了第一名。

终于坐到小学堂里读书了，李四光按捺不住内心的激动。条件好了，他更加勤奋了，年年考试他都是第一名，成了小学堂的一名优等生。

花落花开，冬去春回。几年过去了，李四光即将毕业。由于他学业一贯优秀，被学校保送到日本留学深造。这一年，他才 14 岁。

后来，他一直不断努力进取，在地质科学领域具有了很高的造诣，为新中国的石油资源的开发利用，做出了突出的贡献。

李大钊惜时如金

> 韬略终须建新国，奋发还得读良书。
>
> ——郭沫若

李大钊（1889—1927），河北省乐亭县人。他是中国共产党最早的创始人之一，是伟大的共产主义革命家、思想家。

李大钊幼年时，父母双双去世。祖父李如珍从他 3 岁起便教他认字。在李大钊 5 岁时，便已开始陆续学《三字经》、《百家姓》、《千字文》了。他聪明勤奋，最喜欢念人家门上贴的春联，有时候还站在比自己高得多的大人堆里，看那些贴在墙上的告示之类的东西。

有一次，村里贴出了一张“安民告示”。大人里大多是文盲，他们在告示旁干瞪眼，不知写的是什么。这时，5 岁的李大钊从人群中走了出来，当着众人，一字一句地全念了出来。从此，人们对他刮目相看。

李大钊 7 岁时正式入学，他是个勤学苦练、惜时如金的孩子。有一天爷爷有事外出，把孙子一人留在书房里读书。当时春光明媚，一群麻雀在房外树枝间嬉戏，吱吱叫个不住，李大钊只是聚精会神地读书写字，根本不受外界的一丝干扰，好像外面不曾有什么事情发生似的。

快到中午了，爷爷还没回来。李大钊做功课也觉得很疲劳，便去姑姑房间里帮她干一点儿小活计。没多大工夫，姑姑便要李大钊到院子里去玩玩。李大钊笑着说：“我帮姑姑干活，就是休息脑子的，跟到院子里去玩不一样吗?”爷爷回家后，听姑姑说了这件事，很高兴。他说：“李大钊这孩子有志气，将来终会出人头地，干一番大事业。”

李大钊聪颖早慧，连先生们也另眼相看于他。自从李大钊 7 岁起，相继跟好几位先生读书学习过。由于他学得快，特别善于思索，有的先生过一段时间，便再也教不了他，只好要他祖父另请先生。到李大钊 13 岁时，跟黄玉堂老先生读书。那时候满清政府腐败无能，招致了列强步步入侵。不久后，八国联军打进了北京城，火烧了圆明园，慈禧太后带着皇室成员逃往西安了，而具有强烈爱国之心的义和团和红灯照却进行了可歌可泣的顽强抵抗。帝国主义的魔爪也伸到了李大钊家乡附近。中国人民遭受侵略者的烧杀掠夺，生活苦难深重。

有一次，李大钊听先生讲太平天国的故事。他不等先生讲完，便大声喊：“我要学洪秀全，推翻清朝皇帝!”一时间，吓得黄先生忙去捂学生的嘴，生怕张扬出去有杀身之祸。

老先生深知李大钊有志于救国，便在暗中鼓励他好好学习。后来李大钊以优异的成绩考进了清政府办的北洋法政学校，走出了家乡，去寻找救国之路了。几经探索后，他终于找到了马克思列宁主义真理。从此，开始了他在中国开创和推动共产主义运动的伟大历史进程。

刻苦勤学的陈寅恪

自古圣贤，成大业，未有不学而成者。

——黄宗羲

陈寅恪（1890—1969），江西修水人。他不仅是现代著名的史学家，而且还是出类拔萃的语言学家、文学家和教育家。

陈寅恪自幼酷爱史学，由于他记忆力惊人，并且勤学不辍，因此，在他20岁时，便已经阅读并精通了大量经史古籍。在他所读的书目里，“十三经”、“二十四史”、《史记》、《资治通鉴》等无所不读。事实上，“十三经”是中国古代13部儒家经典要著，包括《周礼》、《礼记》、《仪礼》、《公羊传》、《谷梁传》、《左传》，还有《诗》、《书》、《易》、《孝经》、《论语》、《尔雅》、《孟子》。这些著作，多半文笔艰深，内容生僻。但陈寅恪几乎能一字不差地背出来，并且还对魏晋南北朝史、隋唐史、蒙古史最有研究。

除此之外，陈寅恪还以非凡的毅力攻读了许多国家、许多民族的语言，学会了英文、日文、法文、德文、世界语等七八种语言，又学通了梵文、巴利文、满文、蒙文、藏文、突厥文、西夏文、波斯文、希腊文、马扎尔文等多种文字，还对其中的梵文、突厥文、西夏文等古文字做了精深的研究。

在随后的日子里，陈寅恪还把其研究成果写成论著，贡献于世。其主要贡献有《隋唐制度渊源略论稿》、《唐代政治史述论稿》、《元白诗笺证稿》、《柳如是别传》等专著和《金明馆丛稿》论文数10篇。

才华横溢的陈寅恪先生先后曾任清华大学、西南联合大学、岭南大学、中山大学等校教授，此外，还曾任过中央文史馆副馆长。

1946年，清华大学在北平复校。50多岁的陈寅恪再次被请去从教。此时，他的眼病已经更加厉害，以至后来完全失明。我们或许可以想象得出，一个用眼睛在知识海洋遨游惯了人，一个著述甚丰的史学家、语言学家、文学家、教育家，眼前突然漆黑一片，从一个光明的世界坠进黑暗王国，这一致命打击该何以承担？但陈寅恪先生仍坚持给研究生上课，五六个研究生每天来到他的家里。他不用教科书，不用教案，不用讲稿，能准确地说出某书、某卷、某页写的什么话。大家为他非凡的记忆、坚实的基础和超人的思维能力赞叹，为他的精神肃然起敬。

后来，他又跌断了左腿，一位七旬老人，既盲又跛。即便是这样，在病榻上他仍念念不忘学习和工作。

高士其勤学舍身求真知

世事洞明皆学问，人情练达即文章。

——曹雪芹

高士其（1905—1988），福建福州人。伟大的科普作家。曾担任过中央文化部科学普及局顾问、中华人民共和国科学技术协会顾问及科协全国委员会委员、中国人民保卫儿童全国委员会委员，被推选为第一、二、三、四、五届全国人民代表大会代表，1988年病逝。

在高士其4岁的时候，祖父便教他识字，当时祖父拿出《千字文》等儿童启蒙书，把着他的手，一个字一个字教他。由于高士其从小就受到严格的教育，在今后的日子里便逐渐养成了一丝不苟的良好作风。

1918年，高士其考取了清华留美预备学校。年仅13岁的他，怀着强烈的求知欲，跋涉1000多公里来到北京。这千里之行，使高士其看到了旧中国的现实：贫穷、落后、多灾多难……高士其心里想：赶快到美国学会新科学，用新科学来拯救苦难的祖国和处在水深火热中的人民。

进入学校，高士其便天天处于紧张的学习之中。1925 年，高士其终于毕业了。毕业时，高士其的学习成绩在全班名列前茅。他最喜欢化学，抱着“化学救国”的愿望，被保送到美国威斯康星大学化学系学习。

高士其在威斯康星大学学习了 1 年，成绩超卓，于 1926 年夏转入芝加哥大学化学系学习 4 年。

1927 年暑假以后，高士其成为了芝加哥大学医学研究院的研究生。第二年，他被芝加哥大学聘请为细菌学系试验室助理。起初，高士其研究的课题是“食物毒细菌”。高士其对于科学富有献身精神。他为了研究食物毒细菌对人体究竟是怎样危害的，竟然亲自吞食了一种病菌菌液。在他吞食以后，自己做了仔细的记录。老师和同学都为他担心，与之同时又被他为科学而献身的精神所感动。

1928 年暑假后，高士其回到芝加哥大学医学研究院，开始研究脑炎病毒。一天，高士其在实验室打破了一只装有甲型脑炎病毒的瓶子，解剖患有甲型脑炎的豚鼠时，又不慎割破了手指。于是，甲型脑炎病毒钻进了高士其的身体。

一天晚上，高士基正在图书馆里看书，忽然眼睛不听使唤了。他以为是眼病，到眼科大夫那儿去检查，查不出病因来。后来，不仅眼病经常发作，而且每到下午，便昏昏欲睡。他的左耳变得听不清声音，有点聋了，脖子有点发硬，转头也很困难，就连手也有点发抖，脚也不大灵便了。他赶紧到校医院检查，一位神经科大夫经过诊断，认定他确实得了脑炎。他给高士其开了一张病情报告单，劝他马上停学，回国休养。

然而，高士其对困难的回答是战斗，对战斗的回答是胜利。他以惊人的毅力，继续学习。

1930 年，高士其终于在芝加哥大学医学研究院读完全部医学博士课程，回到了阔别 5 年的祖国。

高士其来到了北京，来到了母校——清华园。老师和老同学看到高士其学成归国，都感到高兴。可是一看到他病成这个样子，在场各位都深感惋惜。有一位老同学劝高士其还是到美国养病为好，在国内那样落后的医疗条件下，是医不好病的。但高士其已把自己的病置之度外。祖国在病中，人民在病中，高士其此时所想的，是急于把自己学到的一点知识贡献给祖国、贡献给人民。

后来，高士其在南京中央医院找到一份工作。但高士其看不惯这班“商人加官僚”式的医生，看不惯“商店加衙门”式的医院，与之格格不入，便愤然辞职。高士其失业了。这时，曾在美国结为至交的李公朴伸出了热情的手。他邀高士其到家里休养，并请高士其翻译一些文章，编点儿童读物。

1935年，高士其在李公朴创办的“读书生活社”认识了艾思奇。艾思奇借给他《共产党宣言》及其他一些进步书籍。在进步力量的影响下，高士其不仅明白了一些革命道理，而且找到了科学小品文作为他沟通人民与科学及与反动派斗争的武器。尽管他身患重病，握笔困难，但仍决心拿起笔来战斗。应李公朴与艾思奇之约，他开始为《读书生活》写科学小品文，从《细菌的衣食住行》、《我们的抗敌英雄》到《虎烈拉》，高士其把政治、文学、科学熔于一炉，写出了别具一格的科学小品文。在短短两年多时间里，他写了近100篇科学小品，出版了4本科学小品集。高士其以惊人的毅力，在科学文艺土地上，吃力地耕耘着，培育出鲜艳的花朵。

1937年8月，高士其踏上了奔向延安的旅途。经过3个多月的跋涉，他终于来到日夜向往的延安。在延安，党的关怀温暖着高士其的心。尤其是受到毛主席接见以后，他的心情分外激动，他决心发奋工作，为革命献出自己的一切力量。

在解放后，高士其以更顽强的毅力坚持创作，从1949年到1965年，他共创作了大约60多万字的科学小品和科普论文以及2000多行诗。17年中，他著述了《生命的起源》、《自然科学通俗化问题》、《青年向科学进军》等十几本书。

1976年以后，年逾古稀的高士其同志全身瘫痪，讲话困难，行动不便，然而他却以超人的精力忙碌着，把全部生命献给了科普事业。

勤学的江姐

> 天行健，君子以自强不息。
>
> ——《周易》

江竹筠（1920—1949），女，汉族，四川省自贡市人，中共党员。同志们出于敬爱，都亲切地称她“江姐”。

江竹筠幼年时，家乡大旱，母亲带着她逃荒来到重庆，投奔三舅李义铭。李义铭在当时是个暴发户，家乡的穷亲友对他抱有幻想，可是他却对这些亲戚很冷淡，能利用的就利用，不能利用的就拒之门外。江竹筠的母亲寄住在他家，实际上也就成了佣人。竹筠很懂事，常帮母亲做家务。

两年后，外婆去世了，江竹筠和她的母亲不得不离开舅舅家，独立生活。但靠母亲一个人做点针线活，根本养不活全家。于是，为了维持生计，江竹筠就去袜厂当童工，每天工作 18 小时，可拿到的工资却是微乎其微。竹筠日夜盼望能上学读书，学点本领，来改变全家艰难的处境，让母亲再也不当佣人。

在她 12 岁那年，她才有机会进入孤儿院小学读书。江竹筠一入学就读第四册。这所学校实行灵活的升降级办法，一学期举行三次考试，特优秀者升级，过劣者降级。江竹筠虽然一下子读第四册困难很大，但学得十分刻苦。她给自己立下一条规矩：“在教室里做完当天的习题，否则决不出门。”

功夫不负苦心人。在考试中，竹筠成绩特别优秀，竟然连升三级。到了五六年级，她的成绩还能稳定地保持在班上第一名。

竹筠十分爱惜时间，从不肯轻易地放过一分钟。课后，教室里很闹，她就约几个好友去找一个宁静的地方看书。但是这种地方很难找，不是环境喧闹，就是有人干扰。几经迁移，最后找到一棵大树。她们爬上树去，有浓密的叶子遮蔽，别人看不见，读书效果很好。从此，她们有空就爬到那棵树上读书。

回到家里，竹筠要帮妈妈做家务，这需要花不少时间。为了能挤出更多的时间学习，她常常一进家门便问妈妈要做哪几件事，然后立刻动手做，赶紧做完再看书。煮饭看火是江竹筠包干的活，她常常边烧火边看书，有几次竟把饭烧焦了，母亲看了又心痛又不忍心责怪她。

在江竹筠升上五年级时，觉得课堂里的知识不能满足自己的求知欲了。于是，她向老师借课外书来看。有些书看不太懂，也照样硬着头皮啃下去。就这样，她几乎看完了好几位老师的全部藏书，开阔了眼界，增长了知识。

三年半时间过去了，江竹筠以优异的成绩完成了小学课程，还获得了学校的银质奖牌。

然而，更使江竹筠不忘的是班主任丁老师对她的谆谆教诲。丁老师在课上讲荆轲刺秦王的故事，讲秋瑾、顾正红、林祥谦、刘和珍等烈士的事迹，这些都深深感动着竹筠。丁老师指导阅读《狂人日记》等革命文学作品时的精辟见解，也引起江竹筠深深的思索。而这样一位好老师，居然被国民党反动派以共产党嫌疑犯的“罪名”逮捕了，这使江竹筠坚信共产党是好人，抓共产党的人是坏人。她的学习目的不再停留在改善妈妈和自己的生活处境上了，而是立志做一个像丁老师那样有学问、有思想、目光远大、品德高尚的人，她要去找共产党，改造黑暗的旧社会。

10 年以后，这位孤儿院的好学生成了威震敌胆的共产党员，坚贞不屈的“中国的丹尼娅”，大家崇敬的英雄江姐。

勤奋好学的牛顿

学习知识要善于思考，思考，再思考。我就是靠这个方法成为科学家的。

——爱因斯坦

1642年的圣诞节前夜，在英格兰林肯郡沃尔斯索浦的一个农民家庭里，牛顿诞生了。牛顿是一个早产儿，出生时只有3磅重。接生婆和他的双亲都担心他能否活下来。谁也没有料到这个看起来微不足道的小东西日后会成为一位震古烁今的科学巨人，并且活到了85岁的高龄。

牛顿出生后三个月父亲便去世了。在他两岁时，母亲改嫁。从此牛顿便由外祖母抚养。11岁时，母亲的后夫去世，牛顿才回到了母亲身边。大约从5岁开始，牛顿被送到公立学校读书，12岁时进入中学。少年时的牛顿并不是神童，他资质平常，成绩一般，但他喜欢读书，喜欢看一些介绍各种简单机械模型制作方法的读物，并从中受到启发，自己动手制作些奇奇怪怪的小玩意，如风车、木钟、折叠式提灯，等等。药剂师的房子附近正在建造风车，小牛顿把风车的机械原理摸透后，自己也制造了一架小风车。推动他的风车转动的，不是风，而是动物。他将老鼠绑在一架有轮子的踏车上，然后在轮子的前面放上一粒玉米，刚好那地方是老鼠可望不可及的位置。老鼠想吃玉米，就不断地跑动，于是轮子不停地转动。他还制造了一个小水钟。每天早晨，小水钟会自动滴水到他的脸上，催他起床。

后来，迫于生活，母亲让牛顿停学在家务农。但牛顿对务农不感兴趣，一有机会便埋首书卷。每次，母亲叫他同佣人一道上市场，熟悉做交易的生意经时，他便恳求佣人一个人上街，自己则躲在树丛后看书。有一次，牛顿的舅父起了疑心，就跟踪牛顿上市镇去，他发现外甥伸着腿，躺在草地上，正在聚精会神地钻研一个数学问题。牛顿的好学精神感动了舅父，于是舅父劝服了母亲让牛顿复学。牛顿又重新回到了学校，如饥似渴地汲取着书本上的营养。他写了一首题为《三顶冠冕》的诗，表达了他为实现献身科学的理想而甘愿承受痛苦的态度。

牛顿 19 岁时进入剑桥大学，成为三一学院的减费生，靠为学院做杂务的收入支付学费。在这里，牛顿开始接触到大量自然科学著作，经常参加学院举办的各类讲座，包括地理、物理、天文和数学。牛顿的第一任教授伊萨克·巴罗是个博学多才的学者。这位学者独具慧眼，看出了牛顿具有深邃的观察力、敏锐的理解力。于是将自己的数学知识，包括计算曲线图形面积的方法，全部传授给牛顿，并把牛顿引向了近代自然科学的研究领域。

后来，牛顿在回忆时说道："巴罗博士当时讲授关于运动学的课程，也许正是这些课程促使我去研究这方面的问题。"

当时，牛顿在数学上很大程度是依靠自学。他学习了欧几里得的《几何原本》、笛卡尔的《几何学》、沃利斯的《无穷算术》、巴罗的《数学讲义》及韦达等许多数学家的著作。其中，对牛顿具有决定性影响的，要数笛卡尔的《几何学》和沃利斯的《无穷算术》，它们将牛顿迅速引导到当时数学最前沿——解析几何与微积分上。1664 年，牛顿被选为巴罗的助手，第二年，剑桥大学评议会通过了授予牛顿大学学士学位的决定。

正当牛顿准备留校继续深造时，严重的鼠疫席卷了英国，剑桥大学因此而关闭，牛顿离校返乡。家乡安静的环境使得他的思想展翅飞翔，以整个宇宙作为其藩篱。这短暂的时光成为牛顿科学生涯中的黄金岁月，他的三大成就——微积分、万有引力、光学分析的思想就是在这时孕育成形的。可以说此时的牛顿已经开始着手描绘他一生大多数科学创造的蓝图。

罗蒙诺索夫痴心求取《算术》

愈学习，愈发现自己的无知。

——笛卡尔

罗蒙诺索夫（1711—1765），是俄国18世纪伟大的科学家。他自幼就酷爱读书，但由于家中贫寒，到罗蒙诺索夫十几岁时，他只读过一本《圣经》，既买不起书，更谈不上去上学读书了。

有一天，他与父亲到邻村的一位叫杜金的人家去办事。一进杜家，罗蒙诺索夫就被书架上的一本《算术》书吸引住了。这本书包含了各种科学知识，正是他梦寐以求的知识食粮。于是，他旁若无人地阅读起来。真奇妙啊，书中描写的风暴、月亮、海潮、地球变化等等神奇的自然现象，让他大开眼界。这些知识，更加促发了他的求知欲。

“要是拥有这本书就太好了。”罗蒙诺索夫这样想。于是，他问杜金：“我想用礼物与你换这本书，行吗？”杜金回答：“我不希罕什么礼物，我只想要一头小海象，你能弄到吗？”当时，并不是逮小海象的季节，杜金以为罗蒙诺索夫会望而却步，但令他吃惊的是，罗蒙诺索夫很爽快地答应了，为了得到这本书，他什么条件都答应。

回到家里后，罗蒙诺索夫找到一位商人，这位商人养有许多小海象。罗蒙诺索夫对他说，愿意为他干40天活，条件是给他一头小海象。这真是一个廉价的条件，商人高兴地答应了。40天后，罗蒙诺索夫带着小海象，从目瞪口呆的杜金手中，换取了那本魂牵梦萦的《算术》书。

然而，没过多久，由于杜金不会饲养，小海象死了。杜金找到罗蒙诺索夫，向他索回那本《算术》书，罗蒙诺索夫对此不知所措，几乎要痛哭起来。他紧紧地抱着这本书，死活不愿交出去。杜金没有办法，于是想出了一个难为罗蒙诺索夫的办法。他指着远处空寂的一个坟山说："既然这样，那么只要你敢在那儿过夜，这本书就永远归你了。"这把罗蒙诺索夫吓了一跳。那座坟山埋着许多死人，而且据传深夜常闹鬼，人们都不敢走近，何况在那儿过夜了。但是，为了永远得到这本心爱的书，罗蒙诺索夫决定豁出去了。只见他头一点，坚定地说："行！"

这天晚上，罗蒙诺索夫拿着这本《算术》书，勇敢地来到坟场。他躺在坟头上，头脑中回想着《算术》书上介绍的神奇的科学现象，心中充满着对知识的渴望，把恐惧忘得一干二净。就这样，他在坟地呆了一夜，连杜金也不得不佩服地说："真是好样的，以后要读书就到我家中去，绝不收取你的任何礼物。"

罗蒙诺索夫终于永远地拥有了这本《算术》书，正是从这部书开始，他逐渐进入了科学的王国，并孜孜不倦地学习，终于成了一位世界著名的科学家。

拉夫伦偷学成名医

> 学习中经常取得成功可能会导致更大的学习兴趣，并改善学生作为学习的自我概念。
>
> ——布鲁姆

阿尔方斯·拉夫伦（1845—1922），是法国著名的生物学家和医学家。

拉夫伦的家庭很贫穷，在他上中学的时候，家中没有充足的钱供他继续上学了，拉夫伦就只好外出打工挣钱，以供学习之用。

在巴黎，有一所医学院非常有名，是当时许多人向往的学府，拉夫伦对它也很神往。为了满足自己的愿望，他干脆跑到这所医学院请求打工。

由于他的诚恳，他被留下来在实验室打杂。这是一个多么神圣的医学殿堂啊，各种仪器琳琅满目，许多著名的医学家们在这里全神贯注地做实验，并不时地讨论交谈实验结果。作为实验室的勤杂工，拉夫伦在做好本职工作的同时，丝毫不放过观察、旁听的机会。

一有时间，他就在一边偷偷观看医学家们做实验，并根据自己的观察，进行详细的记录，弄不懂的，就照图画下来。而且，只要医学家们讨论研究成果，他千方百计地凑到一边仔细地听，并迅速把听到的记录下来。

为了弄明白接触到的医学知识，他趁医学家们休息的间隙，不失时机地前去请教。看到他记满各种实验过程、内容的本子，医学家们震惊了，真想不到这位默默无闻的勤杂工，原来在偷偷地学习医学知识！医学家们感动了，他们纷纷为拉夫伦进行答疑，在实验的时候，也有意识地让他在一旁观看，并为他讲解。

这样，拉夫伦一边靠打工挣的钱上中学，同时在打工时又接触和学习了医学知识，成绩提高很快。

在医学院当勤杂工并不断学习到医学知识，这促使拉夫伦一心想当一名医生。他在工作之余，就到有医生的地方，观察他们是如何给病人看病的。为了能掌握知识，他把医生诊病的程序和开出的处方都详细记录下来，一有空，他就对照熟悉、记忆。经过一段时间之后，他竟能对病人提出合理的治疗方案，开出适合的治疗药物了。

由于拉夫伦的勤奋和刻苦，他得到了医学院师生的赞誉，校方鉴于他的知识水平和能力，特地破例接纳他为医学院的大学生，这时，他中学还未毕业呢！这可是医学院有史以来的第一次。

拉夫伦终于跨进了梦寐以求的大学校园，他学习更加刻苦勤奋了。毕业后，他成了一名医生，并于1878年首次发现了疟原虫，同时，在细菌学、寄生虫学和传染病理学等方面也做出了突出的贡献，成为著名的生物学家和医学家。

苦学的高尔基

一分时间，一分成果。对科学工作者来说，就不是一天八小时，而是寸阴必珍，寸阳必争！

——童第周

马克西姆·高尔基（1868—1936），是苏联著名作家。

高尔基自幼家境贫寒，很小的时候，他的父母就去世了。10 岁起，他就四处流浪，遍尝了人间冷暖，历尽了重重苦难。

虽然生活很苦，但小高尔基对读书却有着极大的兴趣。每天干完活后，只要一捧起书，一切疲劳都抛到脑后了。书，丰富了他的世界，充实了他的心灵，也激发了他创作的欲望。

有一次，高尔基仍像往常一样，为主人烧茶。这天他的心情非常愉快，因为他刚刚借到一本很好的书，他要仔仔细细地品读一遍，那是多么美好的事情啊。本来想干完活后再慢慢去读这本书的，但他等不及了，不马上看书，他简直就坐立不安。于是，趁主人不注意，他偷偷拿出书，在茶炉边读了起来。

不知不觉，高尔基就沉浸在书中精彩的内容之中去了，以至什么都忘记了。直到一阵钻心的疼痛从背上袭来，他才从书本上回过神来。

他抬起头一看，吓了一跳，火炉上茶具里面的水早已烧干，茶具被烧得变了形，并且发出一股股怪味。主人正在那儿暴跳如雷，恶狠狠地瞪着他，手里的松木棍雨点般向高尔基飞过来。

这可闯下大祸了。高尔基一下跳起来，连忙四下躲避。但厨房太小了，他转了几圈，没有跑开，主人的木棍把他打得遍体鳞伤，他倒了下去。

事后，主人为了息事宁人，找来一位医生给高尔基治伤。这位医生从他的背上，取出了 42 根木刺，这都是主人用木棍打的。

医生对这位好学受难的青年很同情，让他去控告这家主人，并表示可以为他作证人。但是，高尔基回绝了，他只向主人提出了一个要求，以后允许他继续看书，他保证圆满干完活，不再损坏家具。

主人一看事情就这样解决了，赶忙答应了高尔基的要求，还主动把自己的书借给高尔基看。

这以后，高尔基又有很多书可以看了。每天，他都是用最快的速度把活干完，然后，就开始看书，每到这时，他便沉醉在书的海洋之中。

勤学善学的马克思

学习不仅是明智，也是自由。知识比任何东西都能给人自由。

——屠格涅夫

无产阶级的革命导师马克思一生中最喜欢做的事就是读书。仅为了写《资本论》，他就阅读了有关的文献、资料、书籍 1 500 多种，耗费了整整 40 年的心血。

勤学苦读是马克思从小养成的良好习惯。当他还是个中学生时就酷爱读书。在柏林大学时，更是整天闭门不出，从早到晚废寝忘食地读书，简直成了个“读书狂”。

图书馆是马克思最爱光顾的地方。无论在巴黎、曼彻斯特，还是在伦敦，马克思总是见图书馆就去。尤其是伦敦的大英博物馆，更是不知去过多少次。

大英博物馆是英国国家收藏文学、艺术、科学典籍以及国际文献资料的文化宝库。马克思在伦敦居住时，每天像上班一样，准时到图书馆阅览室去看书，而且从早上 9 点一直看到晚上 7 点。由于他每次去看书总是坐在固定的座位上，时间久了，图书馆的工作人员就把这个座位作为马克思的专座，有谁来坐，就告诉他：“这个座位是马克思先生的，他一会儿就要来的。”如果哪天这个座位空着，工作人员就知道准是马克思病了或是有什么事情。这个座位至今在博物馆阅览室里还保留着，而且座位下面有两个明显的脚印。原因是当年马克思在这里看书时，每当看得高兴了，总喜欢两脚在地上摩擦，天长日久，就在座位下面摩擦出两条长长的脚印。这两条脚印也就成了当年马克思在此刻苦读书的历史见证。

马克思不仅好学，而且善学，他有自己的一套读书方法。凡是他读过的书，空白地方总是写满了他对书中内容的评注。每一页都画有直线、曲线等各种线条及其他圈圈点点的记号。此外，他还做笔记、写提纲、记梗概、列表格、做目录、记随感、勾勒大纲，认真地阅读与思考。这些书不论过多久，只要一打开，他都能马上把主要内容讲出来，随时可供研究问题使用。

由于马克思一生勤学不辍，所以知识十分渊博。正是有了这样渊博的知识，他才为无产阶级和全人类留下了大量的宝贵精神财富。

刻苦勤学的恩格斯

第一个教大学生的人，必定是没有上过大学的人。

——罗蒙诺索夫

弗里德里希·恩格斯，1820 年 11 月 28 日出生于德国莱茵省巴门市的一个资产阶级家庭。

他的父亲是一个开有大纺织厂的资本家，与其他许许多多资本家一样，以剥削工人为生，而且他的父亲性格暴躁、强横，稍不如意即大发雷霆。因为恩格斯是长子，所以被父亲严厉管教着，一切均要按父亲的旨意行事。甚至父亲笃信宗教，就要让恩格斯“按上帝意志”办事。

生长在这样一个家庭，恩格斯并不是唯命是从，相反，他常常为软弱的母亲受到父亲欺负而大鸣不平。他自己也经常希望能冲出父亲严厉甚至蛮不讲理的约束，去寻找自己的生活，走自己应该走的道路。

恩格斯中学未毕业，父亲就强迫他停学，让他去学习经商做生意，他希望恩格斯将来能继承他的事业，成为大资本家。恩格斯虽然不满父亲的安排，但无奈之下，只好听从父亲安排，到一个小营业所去工作。

18 岁时，恩格斯又被父亲送到德国北部的一个重要港口城市布莱梅，到那里的一家大贸易公司工作。这一次，恩格斯非常高兴地接受了。

到了布莱梅，恩格斯除了应付一下父亲派给的工作之外，把大部分时间用在了学习上。恩格斯酷爱学习，但威严霸道的父亲不让他读书，他心里总是窝着一股怨气，暗暗地对父亲表示不满。现在终于有机会了，他如饥似渴地学习，对各方面的书都感兴趣，哲学、历史、物理、化学等书他都一本本、一卷卷地深入学习。读书使他掌握了丰富的自然科学和社会科学知识。更为重要的是，在这里，恩格斯接受了不少新的思想，阅读了许多国家的进步书刊，这使他更为同情工人无产者的遭遇。

早在家乡读中学时，恩格斯就对为自己家里干活的工人充满了同情之心。他常常一个人偷偷跑到工厂里去观察工人劳动，又来到工人所住的地方，观察工人的生活。他看到了这么一种现实：工人们在潮湿、窄小的低矮工棚里生活，一家老小挤在一起，里面几乎没有任何亮光，乱糟糟的简直无法立足。工人们缺吃少穿，过着极端贫困的生活，而正是他们在为自己家里创造着一笔又一笔的财富。他们拖着疲惫、纤弱的身子在没日没夜的劳动，有时生了病也没有时间去看病。有不少工人因积劳成疾还不得不带病干活。更使恩格斯吃惊的是，工厂里有不少童工！他们本该和自己一样读书、学习，无忧无虑地度过他们的童年，但他们却在这里辛辛苦苦地为资本家创造财富！

于是，他开始寻找推翻资本主义制度的道路和方法。由于恩格斯刻苦学习，到了 20 岁，他已经掌握了英、法、意、西班牙、希腊、拉丁等十几种外语。1841 年，恩格斯入伍了，在部队里，他认真学习理论，钻研技术，很快就成了一名好炮手。在服兵役期间，恩格斯还经常到柏林大学旁听，广泛涉猎各种专业知识。这时候，他还发表了几篇著名的理论文章，如《谢林——基督的哲学家》等，以唯物主义思想批判唯心主义的神学观。

勤学苦练

祖逖闻鸡起舞

光景不待人，须臾发成丝。

——李白

祖逖（266—321），字士雅，东晋名将，民族英雄。河北范阳遒县（今河北涞水）人。

祖逖是个胸怀坦荡、具有远大抱负的人。可他小时候却是个不爱读书的淘气孩子。进入青年时代，他意识到自己知识贫乏，深深地感到不读书无以报效国家，于是就发奋读起书来。他广泛阅读书籍，认真学习历史，学问大有长进。

他曾几次进出京都洛阳，凡是接触过他的人都说，祖逖是个能辅佐帝王治理国家的人才。后来，祖逖24岁的时候，曾有人推荐他去做官司，他没有答应，仍然不懈地努力读书。

后来，祖逖和幼时的好友刘琨担任司州主簿。他与刘琨感情深厚，不仅常常同床而卧，同被而眠，而且还有着共同的远大理想：建功立业，复兴晋国，成为国家的栋梁之才。

一次，半夜里祖逖在睡梦中听到公鸡的鸣叫声，他一脚把刘琨踢醒，对他说："别人都认为半夜听见鸡叫不吉利，我偏不这样想，咱们干脆以后听见鸡叫就起床练剑如何？"刘琨听后欣然同意。于是，他们每天鸡叫后就起床练剑，剑光飞舞，剑声铿锵。

春去冬来，寒来暑往，从不间断。功夫不负有心人，经过长期的刻苦学习和训练，他们终于成为能文能武的全才，既能写得一手好文章，又能带兵打胜仗。祖逖被封为镇西将军，实现了他报效国家的愿望；刘琨做了都督，兼管并、冀、幽三州的军事，也充分发挥了他的文才武略。

王羲之勤于练笔成"书圣"

> 少年辛苦终身事，莫向光阴惰寸功。
>
> ——杜荀鹤

王羲之（321—379），字逸少，晋代琅琊临沂（今属山东）人，是中国古代著名的书法家。

王羲之自幼练字，在他7岁的时候，书法已经写得很不错了。他又继续练了四五年，但总是感到进步不大。有一天，他在父亲的枕头里发现一本名叫《笔谈》的书，里面讲的都是有关写字的方法，他高兴得如获至宝，偷偷地阅读起来。正当读得起劲的时候，父亲走进屋来，问道："为什么偷我枕中秘书？"王羲之笑而不答。父亲认为他年纪太小，未必能够读懂，就把书收了回去，对他说："等你长大了再教你读。"王羲之有点不高兴地说："如果等我长大了才讲究笔法，那我这几年的时光不就白白浪费了吗？还是让我现在就学吧，免得不懂方法瞎摸索。”父亲听他说得有理，便把书给了他。于是，王羲之按照书中所讲方法天天苦练起来。不久，他的书法便有了显著进步。

但是，王羲之并不满足已有的进步。有一次，他看见东汉书法家张芝的书迹，真是爱不释手，自叹不如。王羲之不仅爱慕他的字，更钦佩他“临池学书，池水尽黑”的苦练书法的顽强精神。在给朋友的一封信里，王羲之写道：“张芝就着池塘的水练书法，连池水都变黑了，如果人们也下这么深的工夫去练习，未必会赶不上张芝。”

自此以后，王羲之每天挥笔疾书，写完字后就到家门口的水池去涮笔。久而久之，池水都染黑了，人们把这个水池称做“墨池”。王羲之勤学苦练书法，他草书学张芝，正书学钟繇，并且博采众长，推陈出新，终于形成了自己书法的独特风格，创造了一种漂亮流利的今体书法，后来人们称他为“书圣”。

郑虔柿叶替纸练字

书痴者文必工，艺痴者技必良。

——蒲松龄

郑虔（685—764），字若齐（一字弱齐、若斋），河南荥阳荥泽人，著有《新唐书》。盛唐著名文学家、诗人、书画家，又是一位精通天文、地理、博物、兵法、医药近乎百科全书式的一代通儒，诗圣杜甫称赞他“荥阳冠众儒”。

当初，他对练字很感兴趣，一心想要练一手好字。但家里贫穷，常常吃了上顿没下顿，连件完整的衣服都穿不上，哪里有钱买纸练字呢。正在他苦恼的时候，听说长安城南的慈恩寺里贮存了几屋子的柿子叶。他想用柿子叶练字不也可以吗？他跑去慈恩寺一看，满满的几屋子柿子叶，高兴得他立即找到寺里的和尚，说："师傅，我要租间房子，最好能把靠近贮存柿叶的房间租给我。"

那间破屋子，夏不避风，冬不避寒，谁也不愿住。和尚关切地对郑虔说："你这小小的年纪，住这样的破屋，会损害身体的。"可郑虔偏要租，跟和尚缠个不休，和尚也只好同意了。郑虔住到寺里，每日闭门不出，只是读书写字，从不间断。雨天，屋顶漏雨，他就细心地挑个漏雨小的地方继续练。天气寒冷时，手和脚冻木了，他就跺跺脚，搓搓手，或者抱来一堆柿子叶围在身子周围挡挡寒气，然后继续练。他用柿叶练字，写了正面，又写反面，经年累月，把寺里贮存的几屋柿叶都写完了，终于练出一手好字，成为著名的书法家。和尚这才知道，郑虔租屋原来是利用柿叶当纸哩。

郑虔成名后，不少人到慈恩寺来参观，和尚就让他们看郑虔练字的房间。

吴道子"画到自然成"

> 读书治学，只有苦功，而无捷径。
>
> ——刘叶秋

吴道子（约680—759），又名道玄，阳翟（今河南禹县）人，唐朝著名画家。

吴道子自幼孤贫，爱好学习。为了学习书法，他历尽千辛万苦，只身到浙江、江苏向书法家贺知章、张旭求教，但没有多大进步。后改学绘画，虽遍访名师，仍无成就。两次失败，使他有些心灰意冷。

一天，他来到一座庙宇，看见庙前有一个妇女在卖馍饼。在她后面左右两边又各有一位妇女。左边的在和面做馍，右边的用馍具蒸烤。左右两人相距丈许。只见左面的用面做成薄馍后，随手一扔，那馍滴溜溜地旋转着，不偏不斜正落在右边妇女的馍具内。而后，右面的一面烧火，一面翻馍。馍熟了，她用竹片一挑，那热馍也飞起来，正好落在八尺外卖馍妇女的竹篮内。一块又一块，摆列得整齐齐。过路人见了，无不拍手叫绝，抢着来买馍。

此情此景令吴道子看呆了，好一会儿回过神来，他走到卖馍人跟前，买了一块馍，随后便好奇地问道："请问，大婶，飞馍的技艺有什么诀窍吗?"卖馍的妇女答道："这没有什么，只不过手熟罢了。天天烙，月月烙，日子长了，自然熟练了。"吴道子听了，顿觉豁然开朗，他领悟了一个道理："熟能生巧，学习书法、绘画也是同理，功到自然成。"

从那以后，他更加勤奋，见山画山，见水画水，见人描人，见树绘树。到了20岁时，他就成了远近闻名的画家。

但他不满足于现有成绩，还要拜师深造。远学南朝画家张僧繇，近学当代画家张孝师。

工夫不负有心人。他所画的人物，笔迹拓落，形姿雄劲，生动而有立体感。中年后，他的笔法变得更加劲道、圆润。点划之间，时见缺落，有笔不周而意周之妙。后人因此把他和张僧繇并称为"疏体"。

吴道子绘画总是精益求精。他在长安、洛阳两地的寺观作壁画300余幅，无不是珍品。他所画人物的衣褶，飘飘欲举，后人称"吴带当风"。吴道子的山水画也自成一家，曾在大同殿墙壁上画出嘉陵江300余里山水，大笔挥洒，一天就画完了。

吴道子绘画的艺术成就，对后代产生很大影响，后人尊他为"画圣"。宋朝苏轼说；"画至吴道子，古今之变，天下之能事毕矣。"

颜真卿苦学书法

> 举善而教不能，则劝。
>
> ——《论语》

在我国书法艺术中，“颜体”是人们喜爱的一种字体。它刚劲、端庄、流畅，是唐代书法家颜真卿经过长期摸索创造逐步形成的。

少年时代，颜真卿就勤奋好学，喜好书法。由于家境贫寒，买不起纸和笔，他就用黄土、树枝在墙上、地上练习写字。

成年以后，颜真卿做了县官，仍一直惦记着读书、写字，从未停止过练习书法。当他的字已经写得很不错的时候，他仍不满足，还要到精通楷书、草书的张旭门下学习。

拜师后，颜真卿希望张旭能把他的全部技能都传授给自己．但是，过了好几个月，老师很少给颜真卿讲授什么，只是将历代名家的字和自己的字交给他，要他细心揣摩，认真临摹，并要他多多领悟自然万象，从大自然中寻求启示。

急于求成的颜真卿终于有一天憋不住了，他来到张旭面前，恳求老师把行笔落墨的诀窍传授给他。张旭看着眼前这位求学心切的学生，觉得又好气又好笑。天下哪有一种不花功夫就能学成功的技艺呢？颜真卿想走捷径，找“秘诀”的愿望是不可能实现的。于是，张旭耐心开导颜真卿，给他讲述晋代大书法家王羲之教王献之学书法的故事。最后老师严肃地对颜真卿说：“学习书法要说有什么‘诀窍’的话，就在于苦学。记住，不下苦功夫的人，是永远不会有任何成就的。”

老师的话，使颜真卿受到很大启发。从此，他再也不想找什么捷径了，而是老老实实、认认真真地按着老师的要求埋头苦练。不久，他的书法又有了长足的进步。

由于勤学苦练，颜真卿逐渐对老师的书法技艺能做到心领神会了，并在此基础上大胆创新，最终形成了自己的独特风格。他的正楷端庄雄伟；行书遒劲郁勃，使古人的书法为之一变，开创出新的风格，并对后人产生很大的影响。

颜真卿成名后，不忘张旭的教导，他还专门写了一篇记述跟张旭学习书法经过的文章，用以表达自己对老师的深切感激之情。

白居易少有所成

倘能生存，我当然仍要学习。

——鲁迅

白居易（772—846），字乐天，河南新郑东郭宅人，是唐朝负有盛名的大诗人。

白居易的祖母和母亲都是有文化的人，他从小受到家庭的熏陶，很早开始识字，五六岁时就练习作诗，9岁时便懂声韵。由于当时社会动乱，白居易在11岁时便离家出游，南北奔走。白居易从小就接触了社会，看到了民不聊生的现实，因此立下了改革政治、救济人民的大志，这促使他更刻苦地读书、写诗。他白天学赋，夜间读书，还挤出时间写诗。他每学一课书，都要反复诵读，一直读到不仅能背诵，而且能深刻领会诗的意境。据说，他因读书读得太多，连嘴唇的皮都磨破了，生了很多疮。因写字写得太多，连手臂上也磨起了一层很厚的老茧。他就是这样以坚毅苦学的精神，获得了“少年有为诗人”的美誉。

“离离原上草，一岁一枯荣，野火烧不尽，春风吹又生。”这是白居易9岁时作的诗，后来成为了千古流传的佳作。

白居易15岁时，拿着自己写的诗稿到长安，向当时有名的诗人顾况请教。顾况一看白居易，心想：“一个乳臭未干的毛孩子，能写出什么好诗来。”再一看诗稿作者的名字是“白居易”三个字，便哈哈大笑起来说：“长安米贵，居可不易啊。”他根本没有瞧起面前的诗人。但是当他读了上面那首诗时，不禁拍案叫绝；“好诗，有这样好的诗句，居天下也不难啊！”他连忙起身重新以礼相待，再也不敢轻慢了。

白居易成名以后，仍然勤奋不怠，继续下苦工夫作诗。他的诗以平易自然见长，但是平易不流于浮浅，自然不陷于庸俗。反复品味，足见作者在锻炼字句上所下的工夫。相传白居易每作一诗，必先读给邻居家一个不识字的老婆婆听，问她：“你觉得怎么样，能听懂吗？”如果老婆婆说听不懂，或说不好，他就反复修改。当时有人对他这个著名的大诗人向一个不识字的老妪请教很不理解，认为“俗气”。可白居易却不那么认为。他说：“我写诗是给人看的、听的，如果人家看不懂、听不懂，那又何必写呢？”这足以证明了白居易创作时的严肃态度和刻苦精神。

正因为白居易作诗是这样刻苦认真，又能虚心向别人请教，所以，他的诗读起来朗朗上口，通俗易懂，深为群众所喜爱。白居易一生作诗很多，流传至今的就有3 000余首，是中国历史上一位著名的诗人。

韩干厩前画马

> 苦学能够战胜一切，学问的宫殿不分贫富都可以进去。
>
> ——巴金

韩干是唐代的一位大画家，他尤其以画马而闻名。

在他小时候，一天学也没上过。他父亲是个老羊倌，但懂得一点绘画本领。每当韩干与父亲一起放羊时，他便学着父亲的样子，拿着石子在地上画来画去。久而久之，他画的东西越来越形象，越来越逼真了。

为了能挣点钱拜师学画，在韩干刚满 12 岁那年，父亲便把他送到了一家小酒店去当伙计。这个活又苦又累。每天酒店里所有的杂活都要由韩干去做，而当完事后，他还要替店主人给各处的主顾送酒。每天晚上，韩干都累得直不起腰来。然而趁主人休息后，韩干便不顾疲惫开始画画儿，他住的那间堆放杂物的小屋，油灯往往都是一亮到天明。

有一次，有人让他给当时的著名诗人、画家王维家里去送酒。当韩干挑着酒担找到王维家时，王维恰好不在家，他久等无聊，就用柴杆在地上胡乱画些人和马。王维回家后看了他的画，觉得他很有绘画的才能，就鼓励他去学画，并且在经济上给他很大的帮助。从此，韩干就跟当时著名画家曹霸学画。经过十余年的刻苦学习，他的绘画艺术已有很深的造诣了。

唐玄宗听到他的名声后，便将他召入宫内作画，并要他向宫廷内的一位画马名家陈闳学习画马。但是他并没有照着做。唐玄宗问他是什么原因，他回答说：“我有我的老师，皇上马厩里的那些马就是我的老师。”

此后他在皇帝的马厩里日夜观察，钻研各种马的共同点和不同点。他在马厩里一住就是4年。在4年之后，再看他笔下的马，可谓神骏、雄健、跃然欲动，连当时的画马名家都称赞说韩干超过了他们。

岳飞沙上习字

诗书勤乃有，不勤腹空虚。

——韩愈

岳飞（1103—1142），字鹏举，相州汤阴（今河南汤阴县）人。岳飞小时家里因遭水灾而变得一贫如洗，全家依靠母亲做针线活、纺纱织布，赚得几文钱以维持生计。

家境虽然贫寒，岳飞却酷爱读书，在母亲的教诲下，他白天上山拾柴时就抓紧空余时间读书写字。晚上没有油灯，就把白天拾来的枯柴，点起来照明诵读。无钱买纸笔，他就把路边的细沙背回家来铺平当纸，用树枝作笔，一笔一画地练习写字，写了一遍抹平又写，反反复复从不厌倦。

岳飞很聪明，又很用功，没有多久，他的学问就大有长进。母亲看见岳飞聪明好学，心中有说不出的高兴。后来，岳母就到附近的私塾里去找老师，宁可自己省吃俭用，也要给岳飞交学费，让他到学校深造。岳飞得到了学习的机会，苦读了几年书，学问提高很快。

在岳飞十几岁时，家里实在太穷，只得让他停止读书，到一个大地主家去干活。那时，尽管农活非常繁重，日子艰难困苦，但是岳飞从不放弃练武和读书。

白天劳动之余，或夜间休息之时，他就读书写字，有时甚至通宵不眠。他有很强的记忆力，不论什么书看了就会背。他无书不读，尤其是喜欢《春秋左氏传》和孙、吴兵法。岳飞通过勤奋地苦读，练就了一手好文章。他写的文章，思想细致，分析精密，判断力很强。他作的诗词，意气豪迈，感情充沛。他还练就一手好字，笔法纵逸，尤其擅于行书。

岳飞一边读书，一边练武。19 岁就能挽弓 300 斤、弩 8 石。后来，在周侗老先生和著名枪手陈广的传授下，成为武艺超群的人物。

在 20 岁那年，他怀着抗击侵略者，收复中原的壮志从军，母亲在他背上刺了“精忠报国”的训词。后来，岳飞以自己的实际行动实现了这个誓言，成为南宋著名的爱国将领、历史上杰出的民族英雄。

唐伯虎潜心学画

吾生也有涯，而知也无涯。

——庄周

唐寅，字伯虎，明朝的大画家。他擅长画山水，兼善书法，能诗文，但禀性疏朗，放逸不羁，少年时恃才傲物。他最终能与沈周、文徵明、仇英等画家齐名成为“明四家”，很大程度上仗母亲的教育和名师沈周的指导。

相传少年唐寅的画画得不错，富豪人家常请他作画，唐寅也就慢慢骄傲起来了。母亲看在眼里，急在心里。一天，她对唐寅说：“孩子，你学画还只是刚刚起步，有什么值得骄傲的呢？”她随手递给唐寅一卷行李和一包碎银，“当今大画师沈周离此不远，拜他为师吧，画不好就别回来见我！”

唐寅知道沈周的画很出名，于是接过银子便上路拜师去了。

一年后，在沈周的指点下，唐寅的画技很有长进。这一天，小唐寅拿出自己的画和师傅的画比了比，觉得已经不相上下了，不禁暗暗自喜：我自己已成名手，该出师回家看望母亲了。沈周看出了他的心思，就叫妻子准备饭菜为唐寅饯行。

饭菜摆在后花园东北角的一间小屋里。这间小屋平时紧锁着，谁也不让进去。唐寅一进屋就四处张望，只见有四个门，却没有一扇窗子。他好奇地顺着门格子向外望去，见门外花红柳绿，山鸟飞翔，仿佛那山涧流水声都能听到。他想：这么好的风景，师傅平时不让我进来，大概是怕徒弟从这里出去游山逛水，无心学画了。他正看得发呆，听到师傅说话了：“你的画本来不错，又学了一年，现在可以出师了。你想到后花园痛痛快快地玩玩吗？”小唐寅顾不上满桌的饭菜，站起来就去开门，也许是走得急了，让门格子碰了一下；他便去开另一个门，又让门格子碰了一下；再去开第三个门，这回碰得更厉害了。原来这三个“门”都是沈周画在壁上的！唐寅从兴奋中醒悟过来，他转身扑通一声跪在师傅面前，说：“师傅，我不想回家了，让我再跟您学三年吧！”

从此以后，小唐寅专心致志地跟师傅学画，再也不提出师回家的事了。

转眼又是三年，冬日将尽。唐寅为感谢师傅的教育，亲自动手烧菜，宴请师傅。当他把烧好的鱼端上桌时，一只大狸猫从门外呼呼地跑进来，跳上桌子就想吃。唐寅急了，骂道：“大胆畜牲，师傅还没品尝，哪里轮得到你呀！”“啪”的就是一掌，那大狸猫“呼”的一声就往窗上跳，跳了一个窗户又一个窗户，就是跳不出去，最后“呜呜”地叫着从门口逃出去了。原来，那窗户是唐寅画在墙上的。

师傅见了这情景，赞许不已，这说明唐伯虎已经出师了。

李贺痴于作诗

古来一切有成就的人，都很严肃地对待自己的生命，当他活着一天，总要尽量多劳动，多工作，多学习，不肯虚度年华，不让时间白白地浪费掉。

——邓拓

李贺（790—816），字长吉，福昌（今河南宜阳西）人，唐朝著名青年诗人。著有《昌谷集》。

据史料记载，李贺的父亲李晋肃是一个小官，他很重视家庭教育。在李贺4岁时，就教他读书识字；5岁时，又给他讲解诗文。李贺聪明早慧，又肯认真学习，所以进步很快，在他7岁时便能写诗。他青少年时期写下许多优秀诗篇，后人曾称他是“天纵奇才”，似乎他的才能是天生的。事实上，李贺的诗是他呕心沥血的艺术结晶。

相传，李贺从少年时代起就把全部心力倾注于诗歌创作。为了搜集创作素材，他经常吃过早饭就出门，骑上一匹瘦马，背着一只旧锦囊外出游历，观察生活。每当他触景生情，偶有所得时，便立即把涌入脑中的诗句记在纸条上，然后投入锦囊中。晚上回到家里，他再把那些记有零星诗句的纸条一一掏出来，对着昏暗的油灯进行加工整理。他总是精心构思，反复琢磨，然后磨墨铺纸，写成一首首新奇瑰丽的诗篇。其母见他锦囊里竟有那么多纸条，总是埋怨说：“这孩子要把心都呕出来才肯罢休啊！”

李贺自幼身体瘦弱，母亲怕他累出病来，禁止他再这样呕心写诗。李贺总是笑着劝慰说：“母亲放心，孩儿不会累病的。”吃过晚饭，他回到房里，又继续去写诗了。

李贺在《长歌续短歌》中写道：“长歌破衣襟，短歌断白发。”为了写诗，衣襟磨破了，少年头发白了，这是他辛勤从事创作的写照。由于他平时注意深入实际观察生活，认真积累素材，所以他的诗构思新颖，想象丰富，意境奇丽，色彩浓郁，具有强烈的艺术感染力。他的诗句如“黑云压城城欲摧，甲光向日金鳞开”（《雁子门太守行》），“衰兰送客咸阳道，天若有情天亦老”（《金铜仙人辞汉歌》）等，都是千古传诵的名句。毛主席在《给陈毅同志谈诗的一封信》中曾指出“李贺诗很值得一读”。

后来，李贺的父亲过早的去世了，家庭情况困窘。因为他父亲名叫晋肃，“晋”与进士的“进”同音，为避父讳，李贺不能参加进士考试，只做过奉礼郎那样的小官。他一生抑郁不得志，才活了27岁，却为后世留下233首诗歌，其中大多是名篇佳作。他的诗在艺术上善于熔铸词采，驰骋想象，具有浪漫主义色彩。

徐伯珍竹叶习字

> 立志宜思真品格，读书须尽苦功夫。
>
> ——阮元

徐伯珍（414—497），字文楚，太末（今龙游）人。是南宋的著名学者，学习刻苦，知识渊博。

有一年夏日的一天，电闪雷鸣，一阵倾盆大雨铺天盖地而来。这雨已经下了五六天了。连绵不断的秋雨，导致了东阳太末县北山的山洪暴发。附近的村庄一片汪洋，平地水深一二尺，房屋都浸泡在水中，低洼的地方，水已没了屋顶。水还继续往上涨，村子里的人家都携儿带女地走了。只有村西头的徐家，夜里还亮着灯，当时年仅10岁的徐伯珍坐在两张叠在一起的床上，就着小油灯正专心致志地看书，水在地面上积了已经一尺多深了，可是他全然不顾，像没看见似的。当洪水暴发的时候，左邻右舍纷纷搬家，好心的邻居见他没有要搬走的样子，都来催他早点搬家，可是徐伯珍坚决不走，他实在放不下手中的书本，等水越来越大浸进了屋子时，他就把两张床叠起来，把油灯拿到床上，继续读书。

在徐伯珍很小的时候，父亲就去世了。因为家里穷，他念不起书，买不起纸笔。恰逢北山有很大一片竹林，徐伯珍就把竹叶采下来，然后回到家里在竹叶上面练习写字。竹叶用没了，就用筷子杆在地面上比划着练习写字。他的叔父徐瑶之与当时著名的学者颜延之交情很深，颜延之当时正在祛蒙山设馆讲学。叔父看徐伯珍学习这样刻苦，有心培养他成才，就把徐伯珍送到颜延之那里学习。徐伯珍在那里刻苦攻读，日后成为颜延之的高足，10年之后完成学业时，他已经是一名博通经史的学者了。从此他开始执教讲学，一生教过上千名学生。

柳永刻苦学习

> 如果把生活比喻为创作的意境，那么阅读就像阳光。
>
> ——池莉

柳永（987—1053），崇安（今福建崇安）人，原名三变，字耆卿。他是宋代开一代词风的大词人，官至屯田员外郎，世号柳屯田。

柳永是北宋第一个专门写词的作家。他的词在宋元时期流传最广。相传当时有“凡有井水饮处，即能歌柳词”之说。柳永出身于官宦之家，父亲柳宜在北宋朝廷任工部侍郎。柳永小时候与两个哥哥都很有才华，都考中了进士。在乡里有“柳氏三绝”的美称。但在三兄弟中，却是年幼的柳永最为聪明伶俐。据说柳永是吃乳娘奶长大的。乳娘是个略通诗歌的女子。她在给柳永喂奶时，常用手指蘸着奶汁在柳永掌心上写字。小柳永虽然不会读，但识字不少，到了7岁，就成了名噪崇安的神童了。

小时候的柳永，不仅才思敏捷，而且学习十分刻苦。他家门前有一条柳叶河，河边有块大青石。每天早晚，柳永总提着一杆大笔，蹲在大青石上提腕运劲在水面上练字，日子长了，他在纸上便能写出十分潇洒、飘逸而又沉稳的字了。乡邻们每逢婚丧嫁娶，多有求他写对联的，人称“柳联”。柳叶河边那块大青石，则被后人称为“磨砺石”。

柳氏三兄弟在学习上都是十分刻苦的，据说他们在赶考之前，连家乡素有“风景奇秀甲天下”的武夷山都没有游玩过。只是在临进京之前，三兄弟才提出游一次家乡山水，放松一下情绪，开阔一下眼界。三兄弟流连于山水之间，乐不思归。柳永更是灵感勃发，思如泉涌。他一气吟出五阙《巫山一段云》。词的第一首写道：“六六真游洞，三三物外天。九班麟隐破非烟，何处按云轩？昨天麻姑陪宴，又话蓬莱清浅。几回山脚弄云涛，仿佛见金鳌。”

至今，他家乡的群众仍为有柳永这样一支神笔而自豪。

王冕潜心画荷绘梅

旧书不厌百回读，熟读精思子自知。

——苏轼

王冕（1287—1359），元代著名画家、诗人，字元章，号煮石山农、放牛翁、会稽外史、梅花屋主等。浙江诸暨人。

王冕从小好学，却家境贫寒。由于读不起书，只好帮着家里放牛。在七八岁时，有一天他路过学堂门口，听到里面琅琅的读书声，心中十分羡慕，就偷偷溜进了校门，躲在窗外听老师讲课，听学生们读书。学生放学了，他脑子里还想着刚才听过的课文，竟忘记把牛牵回家。从此，他就经常在放牛的时候偷着去听课。有时候光顾听课，没把牛拴好，牛到处乱跑，被别人送到他家，免不了向他父亲告状，说耕牛把田里庄稼踩坏了。父亲听了大怒，常常把他狠揍一顿，但每次打过之后，王冕还是照样去听课。

后来，父亲不再阻止他了。家里省吃俭用，省下一点钱，让他到学堂买几本旧书来读。白天，他常坐在柳树下看书；晚上，没有钱买油点灯看书，他就到附近一个庙里，借着长明灯的光亮读书。由于他刻苦勤学，学问渐渐有所长进了。

如此过了三四年。有一年的黄梅季节，一阵大雨过后，王冕出去放牛。他坐在绿草地上，只见天空里镶着白边的黑云渐渐散去，透出太阳光来，照得满湖通红。湖边山上，青一块、紫一块、绿一块。树枝像洗过一样。湖里十来枝荷花、苞子上清水滴滴，荷叶上水珠滚来滚去。王冕看着这美丽的景色，心里想：“古人说‘人在画中’，真是一点不错。可惜我这儿没有一个画工把这荷花画下来。”他转念一想：“天下哪有学不会的事，我自己为什么不画它几枝?”

王冕看天色渐渐黑下来，就牵牛回家了。第二天，他托人到城里买了些胭脂、铅粉之类，开始学画荷花。起初画得不好，练了三个月之后，他画的荷花活像从湖里摘下来贴在纸上的那样。乡亲们看他画得这样好，都争着来买他画的荷花。

当时绍兴城里有个叫韩性的老先生，听说王冕如此好学，感到十分惊喜，就收王冕为弟子，教他读书，王冕高兴极了。他从来没有看到过这么多成架的书籍，因此如饥似渴地读起来。到 20 岁的时候，他已经把不少天文、地理、历史和经书读得滚瓜烂熟。同时，他还继续学画，尤其喜欢画梅和竹，并且逐渐入门了。

由于勤奋好学，王冕的学识长进很大，在学友中的威信也越来越高。老师韩性去世后，同学们就把他当做老师。

王冕是个很有抱负的人。他研究过兵法，练习过击剑，常常自比诸葛亮，想做一番惊天动地的事业。但是，参加几次进士考试都没有考中，他希望干一番事业的理想也成了泡影。

后来，他教书、卖画攒了一些钱，就雇了船，到江南一带作了一次旅行。在杭州，他欣赏了西湖的山光水色，也目睹了人民忍饥挨饿的惨状，尤其看到了南宋皇帝的坟墓和北宋诗人林和靖的坟墓被饥民所盗的情景，心情很不平静，增加了他对元朝黑暗统治的不满，于是写下了《江南民》、《江南妇》、《伤亭户》等反映劳动人民悲惨生活的诗篇。王冕后来还作过一次远游，渡长江，过淮河，去大都。在大都，礼部尚书因为非常喜欢王冕画的梅竹，就想方设法把他留下来居住，还想请他做师爷，但是他谢绝回乡了。

这次数千里的游历，王冕领略了祖国北方的风光，扩大了眼界，开拓了胸襟，使他的画进入了更成熟的境界。

王冕回到家乡，从此一直隐居在九里山，以种田卖画为生。他在园子里种上了千枝梅树，把他的画室命名为梅花屋，自称梅花仙。他仔细观察梅花的生长过程，从发芽吐叶、含苞待放到万蕊千花，他都十分清楚。因而作起画来，各种姿态的梅花，在他的手中总是一挥而就，栩栩如生。

他画的梅以密取胜，但密而不乱，多而不繁。他首创的“以儿脂作没骨体”的画法(不用线条勾画轮廓，而用胭脂打底稿)，对后世影响很大。王冕还把自己画梅的经验写成《梅谱》一书，传给后人，留传至今。

赵孟頫勤练书画

阅读的最大理由是想摆脱平庸，早一天就多一份人生的精彩；迟一天就多一天平庸的困扰。

——余秋雨

在元朝100多年的历史里，出现了许多著名的画家、书法家。然而相比之下，其中最有成就的要数赵孟頫。

他在绘画上开创了一代新风。在书法上，篆书、隶书、楷书、行书、草书，样样精通。此外，他也是中国古代最有成就的书法家之一。这些成就的取得，是和他几十年如一日的勤学苦练和谦虚谨慎分不开的。

赵孟頫5岁就开始练书法，几十年间，他总是每天清晨起床，盥洗完毕后就开始练字。一天少则几千，多时上万。早年他临摹隋朝和尚智永的《千字文》和王羲之的《兰亭序》，光《千字文》就临摹了不知有多少遍，以至于后来真正达到了娴熟的地步。

有一位叫田良卿的书法家，从街市上买到一卷《千字文》，凭他渊博的书法知识，开始以为是唐人的书法，看到最后，才知道是赵孟頫写的。他拿了这卷《千字文》去请赵孟頫题字，赵孟頫如实写道："这是我几年前写的，没想到我随便练习的字，被人拿去卖钱了。"原来赵孟頫广泛收集各种古帖，对各个书法家的字迹认真临摹。因此，他能吸收各家长处融会为一体，形成自已独特的风格，被称为"赵体"。

赵孟頫写字十分讲究笔力。他认为执笔要用千钧之力，方能写出有气魄的字来。他教自己儿子写字的时候，常常不动声色地站在儿子背后，突然抽他儿子手中的笔管。假如笔管抽不出来，他就高兴地笑了；要是笔管抽出来了，他自然很不高兴，还要对儿子加以责罚。

赵孟頫非常善于模仿各个时代书法家的字。有一次，他得到一卷北宋书法家米芾写的《壮怀赋》，可惜中间缺了几行字。于是他找来和原稿一样的刻本，临摹缺了的几行字。他反复写了六七张纸，总觉得不满意，不禁感叹道："今人的字不及古人多了！"只好用刻本中的字补了缺。其实赵孟頫在当时已经是赫赫有名的书法家了，可他还是这样谦虚谨慎，这是很值得学习的。

赵孟頫从小爱画马，就是拾到一张废纸，也要画上一张马才把它扔掉。他画的马，就像活马一样，千姿百态，栩栩如生。他也爱画梅竹、山川，他画的梅竹使人有清高的感觉。他作起画来，起先好像漫不经心，在纸上点点染染，渐渐地在纸上出现了山水、树木，最后一幅精美绝伦的画就绘成了。

赵孟頫在世的时候，他的书画就已经是十分珍贵的艺术品了。当时有不少人摹仿他的作品。他的作品不仅在国内享有盛名，也为外国人所喜爱。印度有个和尚，不远万里来到中国，请求赵孟頫为他写字。后来，他把赵孟頫的字带回印度，也成了他们国家的艺术珍品。

马锦的对台戏

学习是终身职业。在学习的道路上，谁想停下来就要落伍。

——钱伟长

明朝末年的一天，南京发生了一件轰动全城的事情。

兴华部和华林部两个戏班子，同时对台演出《鸣凤记》。兴华部饰奸臣严嵩的马锦一出场，就把观众的注意力紧紧地吸引住了。他的表演十分传神，简直把个严嵩演活了，不仅观众们目不转睛，屏息静气看得入了迷：就连对面台上扮演严嵩的华林部演员李某，也不禁失声叫起好来，“蹬蹬蹬”地跑到马锦面前下拜求师。

马锦是怎样把严嵩这个奸臣形象演“活”的呢？说来话长——

当时，南京作为陪都，是一个极为繁华的城市，仅戏班子就有好几十个，其中最享盛名的是兴华部和华林部两个。

有一回，徽州的大商人举行盛大宴会，把南京城里一些达官贵人、骚人墨客及名门淑女都请了来。为了给宾客们助兴作乐，特地让兴华部和华林部前来唱对台戏，演出的就是那出《鸣凤记》。这出戏描写的是明朝嘉靖年间夏言、杨继盛等和权奸严嵩、严世蕃父子激烈斗争的故事。兴华部在东台，华林部在西台，开始时，两台歌声悠扬，同时获得了观众的喝彩。当演到严嵩和夏言围绕河套问题“二相争朝”时，东台饰严嵩的马锦表演很是一般，而西台饰严嵩的演员李某却演得十分出色。这时候，观众就光是给西台喝彩，不再理睬东台了，有些人干脆把座位都挪到靠西台的地方来。结果东台的戏还未演完就被迫散场了。马锦感到自己的演技不堪与姓李的演员较量，很是羞愧，急急忙忙地到后台卸了妆，便偷偷溜走了。马锦这一走，兴华部从此一蹶不振，于是华林部独占剧场。

马锦从兴华部出走以后，仔细分析了一下失败的原因，觉得自己之所以演不好严嵩，是因为对严嵩的生活一点也不了解，不知道这个奸臣究竟为什么奸，奸在哪里。要想把严嵩演活，在演技上超过华林部的演员，就必须花一番功夫，寻找一个类似严嵩那样的权奸做实际的观察体验。

正巧，有人告诉他，当时的宰相顾秉谦是一个很像严嵩的大奸臣。于是，他就千方百计托人介绍，进入顾家当了一名侍仆，抓住一切机会观察顾秉谦的言行举止，细细揣摩，暗暗模仿。

整整过了3年，顾秉谦的一言一行他都烂熟于心了，这才辞掉差使，重返南京。

回到南京后，马锦先是联系兴华部的旧友们重整旗鼓，再登戏台；然后又找到那个徽州富商，请求他再举行一次3年前那样的宴会，将原来所有的宾客都请来，并让兴华部和华林部再演一次对台戏。富商欣然同意了。结果马锦的表演获得了空前的成功，他3年的心血没有白花。

弘仁以山为师

学习并不等于模仿。

——爱伦堡

明末清初，许多画家都漫游于黄山。黄山的云海、奇石、雄峰、烟雨，给他们以启示，给他们以灵感。这些画家刻苦钻研，成为很有影响的“黄山画派”。弘仁就是这个画派的著名代表人物之一。

弘仁从小喜欢书画，几乎没有一天不看书作画。他的老师中，有一位名叫倪瓒的大画家。弘仁对倪瓒非常敬重，他藏有倪瓒的画，还写有关于倪瓒的诗。其中一首说：疏树寒山淡远姿，明知自不合时宜，迂翁（即倪瓒）笔墨予家盎，岁岁焚香供作师。倪瓒之所以能够成为受他敬重的老师，还因为在身世遭遇上，两人颇有相似之处。倪瓒50岁时散尽家产，遁迹于太湖之上，着意丹青，终成妙手。弘仁少年为僧，云游四方。他想：我应该像倪老师那样，刻苦学画，不然，岂不辜负了大好时光和平生志愿！

在学习倪瓒画法的过程中，弘仁并没有停留在临摹上，而是吸取老师的精华，紧密结合对自然景象的观察。他长期居住在黄山，游遍了黄山三十六峰，深深感到，黄山就是他的第二个老师。

实践出真知，经过多年的苦心练习，他达到了技法娴熟、独树一帜的艺术境界。他画的《黄山真景册》50 幅，是罕见的艺术珍品。老人峰、一线天、藏云洞、龙翻石、飞来峰、莲花庵……一幅幅黄山奇景毕现于他的笔端。

以山为师，与山为伴，踏遍黄山觅灵感，这是弘仁成功的独特经验，同时也反映了画家成功的普遍规律。勤于实地观察，这既是画家成功的"捷径"，也是画家成功的必由之路。

李因苦读勤练

> 一分耕耘，一分收获，要收获得好，必须耕耘得好。
>
> ——徐特立

李因（1610—1685），字今生，号是庵，又号龛山逸史，会稽（今绍兴）人，一作钱塘（今杭州）人。明末清初女诗人兼画家。

李因出身于贫寒之家。在封建社会里，女孩子最要紧的是学会针线活和打扮自己，至于读书写字，除了富贵人家的小姐以此来消遣解闷外，穷人家的女儿是很少学习的。再说，女孩子也不能进学堂，赴场考试。李因从小就和别的女孩子不一样，她喜欢读书，不喜欢涂脂抹粉打扮自己。只要一有空闲，就立刻抓紧时间读书写字，作诗绘画。

由于李因的家里很穷，买不起纸墨笔砚和灯油。为了学习，她想出许多办法来克服困难。她在每天早上打扫房间的时候，总要先在积有灰尘的桌子上练一会儿字，然后才用抹布把灰尘擦掉。

秋天，柿子树的叶子发黄凋落，李因就把黄叶子扫起来，一筐一筐地留着，当做写字用的纸。夏日的晚上，李因捉来许多萤火虫，把它们放在蚊帐里，依靠它们发出的亮光读书。李因读书，简直到了废寝忘食的地步。她的父母对她说：“你这样不分白天黑夜地读书，迟早是要苦出病来的。”李因总是说：“不会的，真的不会的。”她母亲仍然不放心，规定她只许白天读书，一到天黑就督促她去睡觉。可是，李因在床上翻来覆去睡不着。

有一天，她突然想起一个办法来：睡觉之前，把火炭事先埋在灶灰里，然后才去睡觉。等父母睡着以后，她掀开被子，悄悄地爬起来，轻手轻脚地摸到厨房里，把埋在灰里的火炭扒出来，带到自己的屋里，点燃蜡烛……

为了防止光线射出去被家人发觉，她就用衣服、被子把窗户遮住，然后偷偷地读起书来。一直到感觉疲倦的时候才去睡觉。就这样神不知鬼不觉地夜读了很长时间，她十分高兴。

由于李因好学不倦，10 岁时就能朗读《诗经》、《尚书》，而且过目成诵，不漏一字。李因还从小养成了写读书笔记的习惯，每天都要写几千字的笔记，寒暑不辍。

李因 17 岁时便嫁给了光禄寺少卿葛征奇作妾。离家出嫁那天，她陪嫁的东西是装满了几大箱子的书和读书笔记。

本来，在当时的那种条件下，女子结了婚以后，往往因生儿育女和繁重的家务而放弃了自己的学业。李因却不是这样，结婚以后她学习的兴趣仍然很浓，而且照样那样勤奋。

李因的丈夫官职常常变动，李因也就常常跟着他到处奔波。在旅途中，李因不论是坐在船上还是骑在驴背上，都随时随地抓紧时间读书作诗。她的诗集《竹笑轩吟草》和《续竹笑轩吟草》收入的 260 多首诗，大多数是在旅途中写的。

李因生长在封建社会里，那时候女子是没有什么地位的，尤其像李因这样一个家境贫寒、身为“侍妾”的人，更被人们所轻视。可是，由于李因刻苦读书，并获得了一定成就，人们都很敬佩她。当时，她丈夫家乡的地方志上，为她作了传记，并把她的诗编成集子出版。

齐白石不教一日闲过成大师

采花蜂苦蜜方甜。

——王朝闻

齐白石（1864—1957），湖南湘潭人，20 世纪中国画艺术大师，20 世纪十大书法家之一，世界文化名人。

1864 年 1 月 1 日，齐白石出生于湘潭县白石铺杏子坞，1957 年 9 月 16 日（丁酉年八月廿三）病逝于北京，终年 93 岁。宗族派名纯芝，小名阿芝，名璜，字渭清，号兰亭、濒生，别号白石山人，遂以齐白石名行世；并有齐大、木人、木居士、红豆生、星塘老屋后人、借山翁、借山吟馆主者、寄园、萍翁、寄萍堂主人、龙山社长、三百石印富翁、百树梨花主人等大量笔名与自号。

齐白石小时候，因为家里生活困难，根本没有钱供他上学。齐白石 9 岁时就在家里帮着挑水、种菜、砍柴、牧牛。后来，因他曾跟外祖父学过小半部《论语》，由此识了不少字。每当放牛时，他常把书挂在牛角上，抽空自学下半部《论语》，遇到不认识的字，就趁放牛之便绕到枫林外祖父家请教。齐白石不满 13 岁时就由于生活所迫，开始学木工，外出谋生。

后来，10 多年过去后，25 岁的齐白石越发感到读书的重要性，于是开始了艰苦的自学。他不仅学画，而且对写诗、书法和篆刻也很感兴趣。在随后的日子里，他学刻图章，没有钱买印泥、石头，就用蓖麻油调上石黄、章丹末代替印泥，利用家乡的础石块作石章，刻了磨平，磨平了再刻，房间的东边湿了，就移到西边继续刻；西边湿了，再移到东边。

值得一提的是，齐白石在磨这坚硬的础石的同时也磨砺了意志，他的篆刻艺术也在磨炼中不断长进，他治的印雄浑、洗炼，独树一帜。渐渐地，他的篆刻艺术达到了炉火纯青的境地。当时就有人称赞："白石刻印，其刀直下，长可一寸，深可半米，立时崩裂，风驰电掣，俄顷而成。"

齐白石在学画过程中，既尊重先师，又不因袭先师。后来在他 40 岁的时候，感到自己的作品缺乏个人风格，而出路就是从只讲形式不求传神的束缚中解放出来。于是，他开始游历南北各地的名山大川，以扩大视野，开拓心胸。

在 57 岁那年，老而弥壮的齐白石宣布要"变法"："余作画数十年，未称已意，从此决定大变，不欲人知，即饿死京华，公等勿怜，乃余或可自问快心时也。"这就是齐自石著名的"衰年变法"。通过"变法"，他的画技产生了一个重大的飞跃。

齐白石是以勤奋著称的。自开始作画生涯起，他每天清晨 4 时起床，冬天也不超过 6 点，晚上 9 时前后入睡，从早到晚不是默坐构思，就是伏案挥毫。到了晚年，眼睛不行了，他戴着两副眼镜照样工作。有人给他做过统计，他平生只有几次大病和心情欠佳时没有作画，事后也总要补上。

有一次，他因心情不好，停下画笔，第二天补画时题字道："昨日大风，未曾作画，今日作此补足之，不教一日闲过也。"由于十分珍惜时间，齐白石从 57 岁到 66 岁，仅这 10 年间就作了 1 万多幅画，刻了 3000 多颗图章。

艺术创作上的杰出成就，使齐白石在国内外享有盛誉。他曾荣任全国人民代表大会代表、中国美术家协会主席、中国画院和中央美术学院名誉教授。1955 年荣获国际和平奖。

梅兰芳驯鸽练眼功

骐骥一跃，不能十步；驽马十驾，功在不舍；锲而舍之，朽木不折；锲而不舍，金石可镂。

——荀况

梅兰芳（1894—1961），名澜，字畹华，原籍江苏泰州，生于北京。是中国著名的京剧表演艺术家。他之所以在艺术上取得非凡的成就，靠的是勤学苦练。

梅兰芳8岁时，便进戏班学戏。老师见他进步太慢，认为这孩子学戏没有希望，便对他说：“祖师爷没给你这碗饭吃。”老师一赌气，后来再也不教他了。

自从挨了老师一顿骂之后，梅兰芳就发奋苦学。练蹻工的时候，用一条长板凳，上面放着一块长方砖，他支着蹻，站在这块砖上，要站一炷香的时间。开始站上去，战战兢兢的，痛楚异常，不一会工夫，就支持不住，只好跳下来。但日子一长，腰腿就有了劲，渐渐地就站得稳了。

梅兰芳常常练得脚上起泡，疼痛难忍，但仍坚持不懈，从不间断。冬天，他在冰地里，支着蹻，打靶子，跑圆场。起先一不留神，就摔跤，可是支着蹻在冰上跑惯了，演出时不支蹻，就觉得轻松自如。

由于他勤学苦练，不怕吃苦，到了十七八岁，知识便一天比一天丰富，演技也随之一天比一天出色了。

梅兰芳在年幼时，两只眼睛微带近视，眼皮下垂，眼神不能外露，有时迎风还会流泪，眼珠转动也不灵活。这对于一个演员来说，的确是个致命的缺陷。因为演员们的眼睛在五官当中占有极重要的地位。脸上只有一双眼睛是活动的，能够传神。许多名演员，都有一对神光四射、精气内涵的好眼睛。当时许多亲戚朋友都替梅兰芳的眼睛发愁，怕这双眼睛影响他艺术前程的发展。

怎么办呢？

“练！”

在随后的日子里，梅兰芳便养起了鸽子。从此，他就等于训练了一支空军部队。

他指挥的工具是一根长竹竿，上面挂着红绸，这是叫鸽子起飞的信号，而绿绸则是飞降的标帜。他首先练成一部分鸽子作基干，能够飞得很高很远并且自己回来。然后在这一队熟鸽子里面，每次加入一两只生鸽子，一起练习。遇到别家的鸽子群混合到一起的时候，就要看各人训练技巧的高低了。也许自己的生鸽子被别家裹了去，也许自己的熟鸽子把别家的裹了回来。

这养鸽的游戏，虽看似是一种乐趣，但实际上也是一种苦差事。

每天天刚蒙蒙亮，梅兰芳就得起床，打开鸽子窝，把它们的小屋子收拾得干干净净，继而喂食、喂水，这些工作一样都不能少。等到这些工作都做完了，便开窝放鸽。先把飞行力最强的一队放上去，飞了一会儿，接着放第二队、第三队……

鸽子飞得很高，放鸽的人要用尽目力来辨别这鸽子是属于自己的，还是别家的。这是非常困难的事情。所以眼睛老随着鸽子望，愈望愈远，仿佛要放到天的尽头，望到云层的上面去……

不只一天，天天这样做，数年以后，在不知不觉之中，梅兰芳的眼睛便治过来了。

一次，梅兰芳在台上演《穆柯寨》，台下一位老观众情不自禁地对旁边的白发老太太说：“你瞧他那双眼睛，多么有神，这不是天生的吗？”很显然，这位老观众没有听说过梅兰芳养鸽子的故事。

徐悲鸿早年艰苦学画

培育能力的事必须连续不断地去做，又必须随时改善学习方法，提高学习效率，才会成功。

——叶圣陶

徐悲鸿公元1895年生于宜兴县一个穷教书的人家。早年的生活甚为艰苦，1942年他在一幅作品题诗中曾说“少小也曾锥刺股”，以此来形容他年轻时的生活艰难。

徐悲鸿的父亲是位半耕半读的村塾老师，同时也是位乡间画师。徐悲鸿6岁开始跟父亲读书，7岁时因为常常看见父亲画画，对画画发生兴趣，那时就想学画。他父亲认为7岁的孩子年纪太小，不肯教他；但是他念书念到庄子刺虎的故事，就偷偷地求人画一只老虎，自己依着样子描绘。父亲知道儿子实在喜欢画，在他9岁的时候，就让他每天摹一幅当时流行的《吴友如画本》，这就是徐悲鸿学画的开始。

徐悲鸿在10岁的时候就能帮他的父亲在画上不重要的部分添染颜色。但由于生活艰难，仅仅17岁，他便辍学到一家中学里教图画来帮助家用。19岁那年，他的父亲逝去，家里负债很多，弟妹也要供养，他那时只得在县里三家学校担任教课来解决全家的生计。

沉重的家庭担子压不住他上进的决心，为了学美术，他来到上海。他曾企图把画寄给当时的《小说月报》，以求换得买米之钱，但却被无情退回。他那时寄居在一家赌场里，白天用功，晚上等客人散了，才摊开铺盖在赌桌上睡觉。那时，他常常吃不到饭，也找不到工作。徐悲鸿甚至为此有过自杀的念头，据他后来回忆，他曾经狂奔到黄浦江边，想要结束自己的生命。混浊而奔腾的江水汹涌地冲击着江岸，轮船的汽笛尖锐地吼叫着，他解开衣襟，让无情的风打在他年轻的胸脯上。当一阵寒冷的颤栗从脚跟慢慢传递到全身时，他才清醒地认识到："一个人到了山穷水尽的地步而能自拔，才不算懦弱啊！"

1915 年，当人们都在用锣鼓爆竹迎接新年的时候，青年徐悲鸿却饿着肚子给一家叫做"审美书馆"的出版社用颜色填染单色印刷的杂志封面。等拿到报酬，他的肚子已经空了好几天了。

1916 年，徐悲鸿考进震旦学院，攻读法文。他是穿着死了父亲的丧服，噙着眼泪踏进这个学校的。

徐悲鸿的作品逐渐受到社会的注意。除了高剑父兄弟外，当时的文化名人康有为、蔡元培等也给予他鼓励和帮助。1917 年，22 岁的青年徐悲鸿已经被聘为北京大学画法研究会的导师，又得到北洋政府的教育总长、大学者傅增湘（沅叔）先生的帮助，派他到法国去留学。可是出国不久，因为内战，他的经济来源就断绝了。他经常干面包就白开水度日，并且不间断地从事每天 10 小时以上的劳作。他用功锻炼素描，临摹古代的名画，并努力于国画和油画的创作，还给书店画书籍插图及写一些散稿来维持生活。

由于徐悲鸿曾经经历过艰苦的遭际，所以在他后来的一生中，凡是遇到年轻有为、肯用功吃苦的人，或穷苦无告的人，他总是给予莫大的同情，并且尽一切可能去帮助和鼓励他。1928 年，他给当时的福建当局画了一幅壁画，画好后他辞谢了给他个人的金钱报酬，却提出要福建省派送两个青年出国学习艺术。这两个青年一位是油画家吕斯百，一位是雕刻家王临乙，二人后来学成归国，对我国艺术都卓有贡献。

达·芬奇画蛋

伟大的成绩和辛勤劳动是成正比例的，有一分劳动就有一分收获，日积月累，从少到多，奇迹就可以创造出来。

——鲁迅

每当人们看到世界名画《蒙娜丽莎》和《最后的晚餐》时，都会想到它们的作者，意大利文艺复兴时期的美术家达·芬奇。

达·芬奇（1452—1519）出生在意大利佛罗伦萨附近的芬奇镇，父亲是当地的公证人，母亲务农。达·芬奇小时候聪明伶俐，惹人喜爱。上学时各门功课都学得很好，但他却最喜欢画画，画的蝴蝶、蝙蝠等小动物个个栩栩如生。大家看到达·芬奇画什么像什么，都称赞他是个“小画家”。

父亲原本想让儿子学法律，将来当一名律师。但他发现儿子对法律毫无兴趣，却一门心思地学画画，便改变了主意，让儿子去发挥他非凡的绘画才能，学习绘画。

当时欧洲的艺术中心是佛罗伦萨，父亲便把他送到那里，拜著名画家、雕刻家费罗基奥为师。费罗基奥看了小芬奇的绘画，连声称赞，立即答应收下他这个学生。

费罗基奥首先对达·芬奇进行绘画基本功的训练。他给了达·芬奇一个鸡蛋，让他照着鸡蛋写生。小芬奇足足画了一天鸡蛋，心想，明天该上新功课了吧。可是第二天还是学画鸡蛋，小芬奇觉得昨天已经画了一天，今天还是画蛋，一个鸡蛋画了两天，太没意思了。没想到第三天老师仍然让他画蛋，小芬奇厌烦了，觉得画蛋一笔下去画个圈就行了，竟然连画三天，太枯燥乏味了。不料，一个星期过去了，两个星期过去了，三个星期过去了，老师依然让他继续画下去。小芬奇的学画情绪低落了，在纸上很不耐烦地胡乱画些圆圈便给老师交去。

老师看出了小芬奇的心思，就耐心而又严肃地对他说："你为什么对画蛋越来越不认真了？""老画蛋，没意思。老师，您教我画点别的吧！"芬奇恳求老师。

"你知道我为什么让你画蛋吗？"老师问。小芬奇无言对答。老师开导他说："芬奇呀，别以为画蛋很简单，没什么好学的。要把画蛋学好也不容易呀！"说着他指着面前的鸡蛋："你看，在一千个蛋中，从来没有两只形状完全相同的，即便是同一个蛋，只要变换一下角度看它，形状也不同了。要在画纸上准确地把它表现出来，非得下苦功不可。我让你多画蛋，就是为了训练你观察和把握形象的能力，训练你准确表现事物的能力。这是绘画的基本功，基本功练好了，以后画什么就都能应付自如了。孩子，你可不能轻视基本功的训练啊！"听了老师语重心长的教诲，小芬奇明白了老师让他画蛋的良苦用心。从此，他专心画蛋，每天从早到晚，对着鸡蛋，仔细观察，认真绘画。经过三年的努力，达·芬奇在画蛋的过程中画技大有长进，画出的蛋各具形态，维妙维肖，老师看了非常满意。

达·芬奇熟练地掌握了绘画的技能，打下了创作的坚实基础，后来水平甚至超过了他的老师。从1480年起，他便告别老师，开始了独立的创作活动。《蒙娜丽莎》、《最后的晚餐》就是他的不朽名作。这些传世绝作的巨大成功，与他少年时代长达数年的专心画蛋，苦练基本功是分不开的。

立志勤学

纪昌立志学射箭

非学无以广才，非志无以成学。

——诸葛亮

我国古代有一个少年叫纪昌。当时盛行骑马和射箭，纪昌就和别的男孩子一起学习射箭技术。

学射是很艰苦的，长长的弓，拉不上几下就腰酸背痛起来。有的孩子没学多久，箭法还不怎么样，就不好好学了。可纪昌是一个有远大理想的孩子，他不满足于凑凑合合，一心想学成为一名神射手。

长大以后，他到处去寻访射箭高手，想进一步拜师学射。后来，他打听到有一个叫飞卫的人，有一手好箭法，便登门求教，请求飞卫收自己作徒弟。

飞卫见纪昌求师心切，又虚心好学，就答应了他拜师的请求，并告诉纪昌："学射箭，首先要练好基本功，其中眼神是最重要的，眼神不好是很难射中目标的。"

纪昌知道飞卫箭法极好，猜想他一定有什么绝招，便向飞卫恳求说："老师，您的箭法这么好，赶快把您的绝招教给我吧！"飞卫说："不要着急，你先回家去练眼神吧，等你练会了盯着目标不眨眼的功夫再来找我。"

纪昌只好辞别老师返回家中。一进家门，见妻子正在织布，他灵机一动，决定就用盯视飞梭的办法来练眼神。从此，他便成天躺在妻子的织布机下，眼睛一眨不眨地盯着一来一往的飞梭，有时眼睛都看得酸痛流泪了也毫不在乎，仍然目不转睛地盯视着。一天、两天、三天过去了，天天如此。他坚持苦练了两年，终于把眼睛练得纵使有人用尖锐的锥子在眼前晃来晃去也不眨一眼。

纪昌觉得自己眼睛的功夫已经到家了，便去见老师，说："老师，现在可以教我射箭的绝招了吧？"

不料飞卫听后却摇了摇头，说："不要着急，你还没有把眼睛的基本功学完呢。你接下去要练习目光的锐利，练到能把很小很小的东西看得清清楚楚才成。"

纪昌又辞别老师回到家中，按老师的要求继续进行练习。他捉了一只虱子，用牛尾巴毛把它拴起来，吊在窗口上。之后，每天一起床，就站在屋子里，面朝南方目不转睛远远地注视着那只虱子。就这样，他又整整练了三年，一直练到站在远处不仅能分辨出虱子的头、尾和身子，而且还感觉虱子像车轮一般，比以前好像大了许多，再看别的细小的东西，都能看得一清二楚。于是纪昌又去拜见老师。这时老师交给他一张特制的小弓，让他去射用头发拴着的虱子。纪昌不慌不忙，张弓搭箭一射，箭头正好射中虱子，而且连牛尾毛都没有碰着。飞卫见了高兴地说："你已经把射箭的绝招学到手了，可以去射箭了。"

从此，纪昌便成了百发百中的神射手。

颜琛知耻苦读书

人不学便老而衰。

——程颐

孔子很喜欢一个叫颜琛的弟子，因为他非常聪明，悟性极高。颜琛也很尊敬孔子，经常向孔子请教问题。一天，颜琛又拿着本书来找孔子，走到房门口时听见孔子正与东门长老聊天。

东门长老说：“总听您夸颜琛聪明，我想他将来会很有出息吧？”

孔子叹了口气回答：“他的确得很聪明，可惜不肯下苦功夫读书，我从没指望他能有什么大成就啊！”

颜琛听到这话，脸“腾”地一下红了，转身跑回宿舍，留下一张字条“三年后再见”，打起行李就回家了。到家后，他一头扎进书房用起功来，心里暗下决心：将来一定要让老师看看，自己到底有没有出息。

转眼就是一年。一天，颜琛的妻子跑过来说：“来客人啦！”颜琛生气地说：“不是说过谁也不见吗？”妻子说：“是尊敬的孔老先生啊！”颜琛不为所动：“就说我不在家。”妻子只好按他的话回复了孔子。

第二年年底，孔子又来了，颜琛仍然拒不接见。孔子微笑着告辞了。

很快三年期满。这天还没等妻子开口，颜琛就问：“是老师来了吗？我去迎接。”说完兴冲冲地迎到门外。原来东门长老也一起来了。

孔子考查了颜琛的学问，只听他对答如流。颜琛说：“三年前我听到了你们的谈话，正是这些话激励着我努力上进。”孔子哈哈大笑：“我见你聪明，有志气，只是不爱独立思考，才跟长老定下这条计策啊。”

华佗学医济苍生

在寻求真理的长河中，唯有学习，不断地学习，勤奋地学习，有创造性地学习，才能越重山跨峻岭。

——华罗庚

华佗（141—208），安徽省亳县人，东汉外科医生。他首创了“麻沸散”，是我国历史上第一个使用麻醉技术进行手术的医生，也是我国古代医学家中杰出的代表人物。

相传在华佗7岁时，父亲便去世了，哥哥被抓去充军，一去不返，音信全无。家庭十分贫困，只有小华佗和母亲相依为命。

华佗从小爱好读书，富有钻研精神，对医学饶有兴趣。在母亲的教育下，小华佗立志不图官位，愿为良医，以救民济世为本。

后来，母亲得了一种奇怪的病，忽冷忽热，周身疼痛，皮肉肿胀。华佗请来很有名气的大夫治病，也不见成效。母亲病故前对华佗说：“孩子，记住你的父母都是被这种古怪的病折磨死的。我希望你早日学成医术，好让百姓少受疾病之苦！”

母亲的去世激发了华佗发愤学医、普济众生的决心。他来到城里，要拜父亲的生前好友蔡医生为师学医。蔡医生开始不想收华佗为徒，可是一想，华佗父亲生前是自己的老朋友，朋友一死，转眼不认人，也太不讲情义了。所以，他想考考华佗，如果他是一块做医生的料，就收；不行，就不收。

蔡医生主意已定。他见几位徒弟正在院子里采桑叶，而最高处枝条上的桑叶够不着，便向华佗说：“你能设法把最高的桑叶采下来吗？”华佗说：“能。”他叫人取了根绳子，拴上块小石子，只一抛，绳子抛过枝条，树枝被压下来，桑叶就采到了。蔡医生又看见两只山羊在斗架，眼都斗红了，谁也拉不开，就说：“华佗，你能把这两只山羊拉开吗？”华佗又说：“能。”只见他拔来两把鲜草，放在羊的旁边，斗架的羊早就斗饿了，一见鲜草，忙着抢草吃，自然散开不斗了。

蔡医生见华佗如此聪明，就收他为徒。后来华佗跟随师父刻苦钻研，注重实践，终于成为被人拥戴的一代名医。

在随后的日子里，华佗根据医道，自编了一套“五禽戏”体操，教人用来锻炼身体。不少人练了很有效果。华佗一位表弟长期做“五禽戏”体操，年老时依然耳聪目明，牙齿坚固，为同龄人所羡慕。

华佗一生刚直不阿，不求虚名。有一次，华佗替曹操治好了偏头痛病，深得曹操赏识。曹操要他留在曹府，给他优厚的报酬。华佗在曹府做了一段时间的侍医，但他身在曹府，却心在民间，总想为老百姓多解除疾病之苦。有一次，华佗借故妻子有病，回家探望。回家后，就不愿再去曹府。曹操知道后，以欺骗的罪名把华佗杀了。曹操成了有罪之人，而华佗则一直被后人传颂。

张仲景立志勤学著大作

学习并不等于就是模仿某种东西，而是掌握技巧的方法。

——高尔基

张仲景（约150—219），是中国东汉时代一位大医学家，人们把他尊称为“医圣”。

张仲景自幼勤奋好学，因此看了很多书。有一天，他从史书上看到扁鹊给人治病的故事，心里备受感动。他想：“许多人只知道为自己打算，不问民间的疾病和痛苦。我为什么不能像扁鹊那样，把救死扶伤、解除人民病痛当做自己的责任呢？”从此，他努力钻研医学，拜同乡名医张伯祖作老师，孜孜不倦地向他刻苦学习，在年轻时就掌握了丰富的医学知识。

当时，每天清晨，张仲景便坐在张伯祖身旁，张伯祖替病人诊脉，他在竹简上写方，另外一些弟子帮着配药。病人川流不息，他们也忙个不停。张仲景见此情景，便问张伯祖：

“师傅，为什么不把药方告诉老百姓？他们生病可以自己医治，病人不就可以减少一些吗？”

“谈何容易！老百姓不懂医理，服错了会出事的。”张伯祖直摇头。

“那就写本书，把原理告诉大家，让人们生病知道吃什么药。”张仲景又说。

张伯祖说：“这话是对的，可是这事谁来做呢？”

张仲景听后呆呆地想：“是啊，这件事情有谁来做啊？老百姓生活在水深火热之中，多么需要人扶弱济危啊！”张仲景暗暗下定决心：“编写医书这桩事没人做，那就由我来做吧”。

从此以后，张仲景在随张伯祖医疗的过程中，更注意勤奋学习。晚上，别人都休息了，他一个人还静静地坐在松明灯下，攻读医学典籍。

后来，张伯祖死后，张仲景独立在南阳一带行医，但他始终放不下写书传播医理的心愿。为了写好这本书，他除了继续寻找、研究祖国各种医药典籍外，还尽力采用民间的验方。有一次，他听说邻近老乡把一个上吊的人救活了，急忙去打听用的是什么方法。结果，他学会了人工呼吸的方法。后来他把这个方法写进了他的《伤寒杂病论》，这是我国历史上第一次有关人工呼吸的记载。又有一次，张仲景听说一个道士为病人捉“鬼”后，给病人吃了“真武大仙”的“仙药”，病就好了。张仲景很奇怪：巫医也能治病吗？他设法把这个道士的药找来研究一番，发现其中有生姜、茯苓、芍药等好几味药，是一个秘方。原来巫医尽管装神弄鬼，手里却也掌握一两种货真价实的东西，否则难以长久骗人。从此，对巫医使用的药方，张仲景也注意收集，但都进行了细心研究，去伪存真，把那些经过临床实验证明有效的吸收过来，写进医书里。

经过几十年的奋斗，张仲景积累了大量资料，经过去粗取精，反复对比，最后写出了《伤寒杂病论》，它成为千百年来的中医经典著作，这是张仲景一生立志勤学的结晶。

吕蒙立志苦读

闻道有先后，术业有专攻。

——韩愈

吕蒙，字子明，三国时汝南富陂（今安徽阜南）人。他是东吴一员英勇善战的著名将军。

吕蒙小时候，正适逢北方战乱，后跟着母亲避乱到江东。在青年时代又从军打仗，没有机会上学读书。虽然他很能干，英勇机智，又善于指挥，但是却没有文化。

吴王孙权很是器重这位青年将军。有一天，他对吕蒙和另一将领蒋钦说："你们现在都负有重任，应该多读点书，借以增长自己的知识和才干。"

吕蒙以军中事情太多，没有时间读书为由推托。孙权听后，开导说："我不是让你们专搞什么经学，只是希望你们多涉猎一些古书，从中吸取历史的经验教训罢了。你强调忙，难道比我的事务还多吗？我年轻时就读完了《诗经》、《书经》、《礼记》、《左传》、《国语》，只是没有读过《易经》。掌管军政要务以来，又读了三史和诸家兵书，自以为大有裨益。你们二位很聪明，只要肯学，就会学好。为什么借故推托，甘于自暴自弃呢？应该迎头赶上。”

吕蒙听了孙权的一番劝告，深受感动。他立志要刻苦读书，来充实自己的思想。从此以后，他便利用一切零星时间，发奋攻读史书、兵书，积累的知识越来越多，在军务上也经常能提出非凡的见解。

当鲁肃代替周瑜，领兵镇守陆口，经过吕蒙兵营的时候，顺便去看望吕蒙。两人喝酒时，吕蒙问鲁肃：“你身受重任，又同关羽的军队近在咫尺，将以什么计谋来防患于未然呢？”鲁肃贸然回答：“到时候再说好了。”吕蒙说：“东吴和西蜀如今虽然联合起来共同抗魏，可是要知道，关羽对于我们来说，毕竟是熊虎之患，怎么可以不预先定下对付他的计策呢？”当即，吕蒙为鲁肃策划了五条对策。鲁肃听了，不由得肃然起敬，马上离开席位，伸手拍了拍吕蒙的脊背，感叹地说：“我总以为老弟只会打仗，今天听了你的议论，学问竟然这样渊博，见解这样高明，真了不起！你已经完全不是当年在吴下的阿蒙了！”后来，鲁肃死了，吕蒙代其领军，袭破关羽，占领了荆州这个军事要地，为吴国建立了功勋。

孙权也曾这样赞扬吕蒙：“像吕蒙、蒋钦这样，年长以后还能自强不息，力求上进，这在一般人是做不到的啊！尤其是富贵荣华之后，尚能放下架子，勤奋学习，这就更是难能可贵了。”

孙康映雪夜读

读过一本好书，像交了一个益友。

——臧克家

孙康，晋代京兆（今河南洛阳）人，官至御史大夫。

孙康自幼聪敏好学，但是家中一贫如洗，这让他既没有上学就读的机会，甚至连在家里挤点时间学习都不可能。因为他白天要帮家里干活，从早晨一直到太阳落山，都没有空闲时间。

但求知欲强烈的孙康并不甘心就这样服服贴贴当时间的奴隶，他觉得自己年纪轻，精力旺盛，只要有了学习的决心，总会挤出时间来的。

于是，他开始利用夜间读书，可是晚上读书必须得点油灯，往往读一个晚上的书，就要用去一灯油，而家里那样困难的经济条件，一个月怎能买得起这么多灯油呢？孙康完全懂得这种困难，每当灯油烧干以后，他便静静躺在床上，在床上背书和默记书中的要领。

这年冬天，天气格外寒冷，三天两头下一场大雪。冬夜，孙康盖着薄被正蜷缩在床上，面对着北风呼啸的窗口背书。背着背着，突然发现窗口越来越明亮起来，他甚至怀疑是到了快要出太阳的时候了，等他披衣出门一看，原来是下了大雪，是白雪把窗口映亮了。孙康心里想：既然白雪能映亮窗口，那一定也可以用积雪照着读书吧。想到这里，他便捧起书跑到门外，一个人蹲在雪地里，借着积雪映出的微弱亮光来读。孙康蹲在雪地里读书，虽然身上衣衫单薄，但由于他专心致志，注意力完全进入书里面去了，对于刺骨的寒风他全然不觉得，一直到了深更半夜，还在聚精会神地读着。从这以后，只要有积雪，他就天天夜间去映雪读书。虽然说“穷人怕过三九天”，可是孙康却盼望每年的冬天早点到来，盼望下大雪。

孙康砥砺求进，学有大成，终于成为一位很有名望的学者。

江泌月下苦读

学，然后知不足；教，然后知困。

——《礼记》

江泌，字士清，南北朝时洛阳考城（今河南兰考）人。曾任南中郎行参军及国子助教。史料记载，他在任期间为官清正廉洁，家里从来不使用奴婢童仆，家中的活计都是他与他的兄弟们亲自动手做。下属的官吏、差役有病有灾，抑或生活有困难的，只要是让他知道了，一定拿出自己的钱来资助他们；属吏去世了，他也要花自己的钱，为他们买棺材安葬，因此下属都十分爱戴他。

江泌自幼聪明好学，但由于家境贫困，他需要天天帮家里削木头做木鞋来维持生活。然而，艰难的生活并没有磨灭他的学习意志。他胸怀宽广，志向远大，立志攻读经史。因为家里穷供不起他去学堂里读书，他就立志自学。他把鞋摊摆在一个学堂附近，能够听得见学堂里面先生的讲课。每天一边削木鞋底，一边听先生讲课。江泌白天忙着做活，晚上读书，往往要读到深夜。即使有时白天做活非常劳累，晚上十分疲劳，他也从不间断学习。

在当时，晚上读书学习需要灯油，而他一读就读到深夜，灯油用得更多了。他家穷得连做菜都没有油，哪来油点灯读书呀。时间长了，江泌母亲也怕他读书耗油太多，天一黑，就早早把灯吹灭，并把灯藏起来。没有灯光，江泌只好静静地背诵或默记学过的知识。

在一个中秋节的夜晚，江泌陪着父母在院子里赏月，看见明亮似镜的月亮。他灵机一动，心想，在月光下读书不是也行吗？于是，他就着月光看起书来，就这样，他天天就着月光读了不少书，再也不愁点灯费油，夜晚无法读书了。

有一次，他读书着了迷，读着读着，月光斜移，原来透过窗户照进屋子里来的月光一点也没有了。他抬头一看，原来月亮已经悄悄地爬到院子那边去了，屋子挡住了月光，所以字看不清了。江泌就拿着书跑到院子里来看书。片刻，又看不清了，他干脆就登着梯子爬到屋顶上映着月光读书。他看着看着，到了后半夜，因为白天太累了，晚上看书时间长，他疲倦地趴在屋顶上打起盹来，结果从屋顶上滚了下来，摔在地上时他的手里还紧紧握着书。所幸家里是茅草房，屋檐不高，没有摔坏身体，只是脸上、膝盖擦破了皮。江泌真有点犟劲，他从地上爬起，拍拍身上的尘土，又爬上屋顶，映着月光读起来。

江泌这种刻苦学习的精神，感动了周围的人，这件事不久就在乡里传开了，以后又传遍了州郡，成了读书人的佳话，而江泌映月读书的故事一直流传到现在。

刘勰笃学不娶

> 文章千古事，得失寸心知。
>
> ——杜甫

刘勰（465—520），字彦和，南朝梁人。他出生在一个贫穷的农民家庭。那个时候，腐败的朝廷为了保持自己奢侈的生活，竟不顾人民的死活，随意增加税收，苛捐杂赋多如牛马。在这样的情况下，许多老百姓妻离子散，四处逃荒。刘勰的父母身体多病，干不了地里的活计，又不能带着年幼的刘勰外出讨饭，竟被活活地饿死了。父母死了之后，刘勰失去了依靠，他每天只有靠邻舍的救济过活。后来，刘勰长大了，艰苦的生活磨练了他的意志。7 岁的时候他就已经能够自立了。他每天早晨很早就到山上去打柴，然后再背到镇上去卖，以此换取微薄的收入来勉强维持生活。就这样，一年又一年，小刘勰慢慢地长大了。

10 岁那年，有一次，刘勰同往常一样，从山上打了柴，背着往镇上走。路过街道旁的学堂时，正好从里面传来一阵朗朗的读书声，这声音一下子就把刘勰给吸引住了。他悄悄地走到学堂门前，侧耳倾听，一直到下课才走开。卖完柴，在回家的路上，刘勰一边走一边想："我正愁没钱上学读书呢！这下可好，既可以学习，又不耽误做事。"从此，刘勰不管风吹雨打，日晒雨淋，每天都去听课，从不间断。

由于刘勰刻苦努力地学习，他长到 16 岁的时候，就以学识渊博而闻名乡里。加上他本人干活又勤快，更是深得邻舍的称赞。古时候男子 16 岁时就要把头发扎起来，谓之"束冠"，表示已经成人了。成人以后，按照一般的习惯就要结婚，即所谓成家立业。刘勰虽然没有父母，家境贫寒，但是凭他的人品和勤快，要想娶一个媳妇还是不成问题的。可刘勰却并不这样想。

刘勰有个邻居，对刘勰很关怀，总是帮这帮那。刘勰父母去世后，生活很艰苦，多亏这位邻居照顾，才使得他没有和父母一样被饿死。刘勰对这个邻居非常感激，自己长大以后，也经常帮邻居干些粗活重活；邻居家里偶尔有什么好吃的，也都要分些给刘勰吃。刘勰把邻居当父母，邻居把刘勰当儿子，两家人亲如一家人。邻居有一女儿，比刘勰只小一岁，和刘勰从小青梅竹马，一起玩耍，一起长大，两人感情也颇深。刘勰成年以后，邻居曾多次暗示愿意把女儿嫁给刘勰，但是古代男女授受不亲，一般都须男方主动到女方家里去求婚，所以邻居的意思就是要刘勰赶快来求婚。刘勰是个聪明的小伙子，这点意思岂能瞒得住他？可他心里有自己的打算：如果结了婚，那么他就必须真正承担起一个家庭的责任，照顾老人、媳妇、孩子。一大堆的家务活等着他干不说，整个家庭的生活也必须靠他一个人来负担。这样，他只能整天整月整年地忙碌奔波，以求得一家人能平平安安地生活下去。如果这样，他哪还有功夫来看书呢？他的著书立说的愿望不就成了泡影吗？不，不，不能这样！

没办法，刘勰只能装作什么也不懂的样子，仍和以前一样，不停地干活，看书，看书，干活。过了一段时间，邻居看到刘勰还没来求婚，也猜出了他的意思，就没有再强求。

谢绝了这一家，又来了那一家。随着年龄的增长，村里给刘勰说媒的人也越来越多，几乎踏破了他家的门槛。不管刘勰怎么婉言推辞，大家都不相信这么能干、这么有学识的小伙子会一辈子不娶媳妇。对于这些热心人，刘勰无可奈何，只能报之以苦笑。

20 岁的时候，刘勰为了表示自己笃学不娶的决心，收拾好了行李，离开家搬到了附近的一个庙里，与和尚住在一起。他一方面帮和尚干些事，另一方面利用庙里的清静环境拼命读书。这样坚持了十几年，读了大量的书，他成了一个很有学问的人，特别是对佛教经典和文学理论很有研究。中国古典文学理论著作中，体系最完整、结构最严密的巨著——《文心雕龙》就是他研究成果的代表作。在历史上，这本书被称为艺苑之秘宝，影响很大。许多人对他的治学精神更是推崇，清代黄叔琳说：《文心雕龙》在于一个“心”字，如果能像刘勰那样用心读书和钻研，文章一定写得很好。

孙思邈问遍百家

> 人之初生，不食则死；人之幼稚，不学则愚。
>
> ——王夫之

孙思邈（581—682），是我国隋唐时期杰出的医学家，被后人尊称为

“药王”。

孙思邈出生于华原县（今陕西省跃县）一个木工家庭，父亲是个雀目病（夜盲）人，母亲患粗脖子病，都是当时无法医治的地方病。少年的孙思邈也体弱多病，饱尝了疾病的痛苦。疾病给自己苦难的家庭造成的痛苦，孙思邈牢牢地记在心底，他从小就立志学医，将来行医治病，为人解除痛苦。

12岁时，孙思邈跟父亲到药农张七伯家做药柜，从此孙思邈开始对中药产生了浓厚的兴趣。他处处留心，虚心向张七伯请教每一味中药的功能、作用、生长地、药力大小等情况，深受张七伯的喜爱。

15岁时，孙思邈开始拜张七伯为师学医，同张七伯一起上山采药，学习药方，初步懂得了一些药性。后来张七伯看他虚心好学，又天资聪敏，自己的一点医学知识不能满足孙思邈求知的要求，便把自己一直珍藏的《黄帝内经》送给了孙思邈，让他好好研读，并告诉他将来到铜官县找自己的舅舅继续学习深造。

孙思邈得到了《黄帝内经》，真是如获至宝，对张七伯千恩万谢。回到家里，他便如饥似渴地学习，常常手不释卷地苦心钻研，有时会通宵达旦。

但他愈是学习，愈是感到自己的浅薄。后来，他决定去铜官县找张七伯的舅舅求学问。经过许多周折，他终于找到了那位医生，便拜他为师，潜心学医。一年时间里，他不但学到很多医学知识，而且把师父的一部《伤寒论》全部抄了下来。

学有所成后，他又回到村里，一边在邻居亲戚中行医，一边刻苦读书，继续深造。20岁左右，孙思邈不仅医道大有进步，而且对诸子百家的学说，南北朝的历史，以及从天竺传来的佛教经典，都做了深入地研究，为他以后在医学领域能够取得巨大的成就做了深厚的文化准备。他的名声也越来越大，就连200里以外的京城长安，也有人知道华原县的孙思邈。

一天，孙思邈为远道慕名而来的病人治愈了痼疾，病人感激地赞许他如复生的扁鹊，再世的华佗。孙思邈听了这样的称许，不但没有感到高兴，反而惆怅起来，他深感惭愧地说：“我连称职的医生都不够格啊！乡里人的雀目病、粗脖子病，自己至今无法医治，怎敢与那两位名医相比呢？唉！惭愧呀……”

那位病人看到孙思邈因不能医治雀目病和粗脖子病而痛心的样子，深为他的这种全心为解除病人的痛苦的医德所感动。便对孙思邈说太白山有一位先生能治粗脖子病，而且把他的表妹治好了。

孙思邈听到这些，便如寻到珍宝一般，惊喜地抓住那个人的双手，急不可待地打听那位太白山先生的姓名地址。了解明白后，第二天一早他便义无反顾地告别家人乡亲，只身前往远隔400里的太白山寻师去了。

太白山是秦岭最高峰，在郿县以南。经过多日的艰苦跋涉，孙思邈才来到太白山，找到了那位病人所说的人——陈元。可遗憾的是，陈元并不是医生，他是根据父亲用昆布和海藻治粗脖子病的方法，每次上山时带一些回来，用完就没有了。

知道了这些情况后，孙思邈感到有些失望。但他并没有灰心，心想：“既然陈元的父亲会治粗脖子病，他就可能知道这种病的情况。”

于是，孙思邈便在这里住了下来，一边给山区人治病，一边同陈元上山采药互相学习交流。一天，陈元偶然地说出了他父亲说过的一句话：“不知啥原因，雀目病待人不公平——专欺负穷人，富人根本不害这种病。”

听到这话，孙思邈心里一动：“看来，穷人是由于身上缺少某种东西才害雀目病的。如果让穷人吃富人的食品，说不定能治好雀目病。”

在陈元父亲所说的话的启发下，孙思邈整日整夜的研究如何治疗雀目病的问题。一天夜里，孙思邈正在一边苦思冥想，一边查看医书。忽然间，他好似在黑暗中看到闪电一般，眼睛亮起来。因为他在医书上找到：“肝开窍于目”这样一句话。他想：“眼睛的病多半与肝有关，那么吃动物的肝是不是可以补益眼睛呢？”后来经过实践，孙思邈找到了医治雀目病的方法——用食物疗法，吃动物的肝来治雀目病，收到很好的效果。

为搞清如何治粗脖子病的问题，孙思邈在一次偶然的机会里，找到治粗脖子病的方法——吃羊靥。

孙思邈用食物疗法，为很多雀目病和粗脖子病人治好了病。这些人对孙思邈总是千恩万谢，称赞他的医术高明。但孙思邈却总是念念不忘地说："这都是陈元父亲的启发才使自己搞明白治病方法的。"足可见他对"一言之师"都是十分难忘的。

唐太宗贞观三年（629年），孙思邈被聘进京。到长安后，他依然坚持勤学好问的习惯。他听说长安有甄枚和甄立言两位高医，就想登门求教。但这两位医生年事已高，正忙于著书，不肯接见人。孙思邈却不顾这些，千方百计地找到了他们，诚恳地向他们求教。两位名医深为孙思邈的好学精神所动，不但同他一起探讨了许多医学上的问题，而且把自己的著作《针方》、《明堂人形图》、《古今验方录》等送给孙思邈，供他学习参考。

贞观十四年（640年），60岁的孙思邈重返家乡，把自己一生搜集的医方、医药标本整理撰写了《备急千金方》和《千金翼方》，这两本书是他一生对药物研究，走遍家乡和汉中、四川一带，遍访名师，求教群众，研究古代经典而获得的硕果，集当时和前代医学之大成，在中国医学史上占有重要地位。

李白勤学成诗仙

> 志士惜年，贤人惜日，圣人惜时。
>
> ——魏源

李白是我国唐代的大诗人。他一生写了数以千计的诗篇，千余年来广为流传。传说李白在长安拜见贺知章时，贺知章见李白的诗文写得极好，惊叹道："子，谪仙人也！"后人因此称李白为"诗仙"，仿佛李白的才能是天赋的。其实并非如此，他能成为"诗仙"，主要是长期刻苦学习、勤奋钻研的结果，而且李白少年时在学业上也曾发生过动摇，是在受到教育之后才逐渐走上勤学之路的。

相传李白小时候虽然聪颖过人，但却不爱读书，不求上进。他在四川眉州象耳山读书的时候，因对学习的艰苦和紧张适应不了，曾想中途放弃学业，做一个自由自在的人。一天，他读书读到一半，心烦意乱，又打瞌睡，又伸懒腰。看看屋里没人，就悄悄溜出门去，跑到小河边捉蜻蜓玩。来到河边，他看到一位头发花白的老大娘蹲在那里，手里拿着一根铁棒，在石头上一个劲儿地磨呀磨。

李白挺纳闷，便走过去好奇地问："老婆婆，您这是干什么呀？"

老婆婆回答："磨针。"

李白看看老婆婆手中的铁棒，有点不大相信："这么粗的一根铁棒，怎么能磨成针呢？"老婆婆意味深长地对李白说："怎么不能呢？只要功夫深，铁棒就能磨成针。铁棒虽粗，总是越磨越细，只要我一天天地磨，还怕磨不成针吗？"

李白听了，心中若有所悟，独自一人在河边沉思了许久，从中得到极大启发。

小李白无心再玩下去。他二话没说，又坚定地转回山中，决心以老婆婆磨杵的精神顽强地学习下去。从此，"铁杵磨成针"便成了激励李白学习的座右铭，每当他有松懈念头的时候，想起磨铁棒的老婆婆，看看桌上的座右铭，便立即打消了这种念头，又埋头学习起来。从此，李白不再贪玩，他发愤读书，坚持不懈，天天手不释卷，学问很快丰富起来，无论作诗还是作文章，都能妙语联珠，信手拈来，终于成了中国历史上著名的大诗人。

柳璨燃叶苦读诗书

勤为无价宝，慎为护身术。

——莎士比亚

柳璨，字照之，河东人。唐朝末年大臣、文学家及史学家。

柳璨自幼家贫，他家住在小沟里，他几乎每天都上山砍柴，每逢集市就挑着柴禾上市去卖，靠卖柴换来点钱维持生活。就这样，家里还常常揭不开锅。与他家有联系的都是穷亲戚，也帮不上什么忙，只有一个近亲叫壁砒的，在京城里当官，可是这个亲戚势利眼，不愿意跟他们家这门穷亲戚来往，信也不通一封。

柳璨是个有骨气的孩子，人穷志不穷，虽然别人看不起，他也不在乎。他立志求学，刻苦读书，目标是将来考中进士，干一番事业。然而，要考取进士谈何容易，有的读书人家庭环境很好，有足够的经费，有专门聘请的老师辅导，努力了一辈子尚且连个秀才都很难考中；有的须发斑白了，连个举人还不是。一个穷人家的孩子要考中进士，这在当时简直比登天还难。

学习需要书本，虽然当时印刷技术已经有了进步，然而印一本书成本很高，买一本书要价很贵，像柳璨这样的穷人家的孩子怎么能买得起呢？为了读书，柳璨就向人家借书看。有的书借来之后就马上抄下来，保存起来供长期使用。纸笔困难，去山上打柴休息时就用树枝在地上练习写字。晚上没有灯油，就用树叶燃起一堆篝火，然后借着篝火的光看书。深秋时节天凉了，他对着篝火看书，前胸暖后背凉，有时因此而感冒了。就是染病在床，他也不忘记读书。经过刻苦努力，在光华年间，他终于考中了进士，而且是进士中的佼佼者。于是，他被派往国史馆做了直学士。

在国史馆任职期间，由于他精于五经、涉猎百家，学识渊博而且记忆力强，同僚们遇到疑难问题不去查辞书，都直接找他。因此，在同僚中他威信最高，同僚给他起了个绰号叫“柳书箱”，把他看成一本活的百科全书。

唐昭宗爱好文学，尤其喜欢学问渊博、下笔成章的文人学者。原来他身边有个学者李溪因罪而判处死刑，他就想再选一个学者为他起草诏书，朝臣们一致推举柳璨。于是，昭宗在内殿召见了柳璨。昭宗测试柳璨的学问，非常满意，当场晋升他为翰林学士，专事草拟诏书，起草文告。昭宗在学习上有什么疑难问题，也经常向他请教，对他的信任远远超过了李溪。

立志学医的李时珍

> 学习之事，必须潜心研究，日积月累然后有所成就。
>
> ——林语堂

明代时期，我国出了一个伟大的医药学家，名叫李时珍。李时珍花了几十年的心血，写了一本药物学巨著《本草纲目》。它被翻译成日文、德文、法文、英文、俄文等译本，在世界各地流传，人们称它为“东方医学巨典”。

李时珍出生在蕲州（现湖北省蕲春县），父亲是医生。他从小身体瘦弱，经常咳嗽发烧，通过父亲的细心调理，身体才慢慢好起来。李时珍从小就体验到了生病的痛苦，所以很早就产生了长大后也要当一个医生，为病人解除疾苦的念头。

小时候的李时珍，对爷爷和父亲看病采药、解除病人的痛苦见得多了，也逐渐受到影响，早早地便对医药产生了很大的兴趣。他经常问母亲各种花草的名字，还常常跟父亲一起上山采药，并和父亲一起熬药，做成药膏或药片。他亲眼看到了自己亲手采回的药草加工成药治好了许多人的病，心里感到非常高兴和满足。

但是他的父亲并不愿意儿子再做医生，因为在当时的社会里，医生的社会地位很低，常常被别人看不起。李时珍的父亲希望儿子将来能多读些诗书，然后去考官，那样可以光宗耀祖。可是李时珍却一心想学医。李时珍在读书时，最喜欢读的是古书中关于鸟虫鱼一类的书和医书，对枯燥无味的八股文（明清科举制度的一种考试文体）毫无兴趣。14 岁那年，李时珍在父亲督促下考中了秀才，但以后三次乡试均遭落选。本来就无心应试的李时珍决心再不应试了，而要立志跟父亲学医。父亲看他意向已定，也只好作罢。

从此，李时珍在父亲教导下刻苦学习。每天天没亮，李时珍就悄悄起床，埋头苦读。前人的经典医学著作《内经》、《伤寒杂病论》、《本草经》等，他都认真读过。这样，经过 10 多年的苦读，李时珍掌握了大量的医学理论，为以后的研究打下了坚实的基础。但是在阅读古典医书的过程中，李时珍也发现了书中的许多缺点、错误和矛盾之处。有的书成书较早，新的药物已大量发现却没有记载；有的书中药物图画与文字说明不一致，或有文无图、有图无文；还有的药物分类也需要改进…… 李时珍在阅读中发现有不对或有些怀疑的地方时，并不盲从古人，从不轻易相信，而是亲自去验证、考察。他经常提醒自己：实地考察，比书上写的更真实。在发现了旧的医书缺陷很多，已不能适应实际需要时，李时珍迫切需要一部内容丰富、分类适当、理论正确的新药物书，他决心自己来担当编写这部新药书的任务。24 岁那年，李时珍正式随父行医。他继承和发扬了父亲的医疗经验，并且还不断地向古人和下层人民学习。他的医术也迅速提高，逐渐成为当地很有名气的医生。

后来，李时珍为了编订药书，多次远出，到外地考察。他走过许多地方，向药农和熟悉药草的人请教，还收集了新的药物标本。经过考查，他弄清楚了许多书中的疑难问题，为编写巨著《本草纲目》打下了基础。

盲人唐汝询笃志苦学

> 善学者假人之长以补其短。
>
> ——吕不韦

唐汝询，字仲言，华亭人。生卒年均不详，约明熹宗天启中前后在世。明末清初著名诗人。

唐汝询出身于书香门第，家庭读书风气很盛。他生下来的时候，长得眉清目秀，双目并未失明。由于受家庭环境的熏陶，他 3 岁的时候就开始跟着哥哥读书认字了。但是，在他 5 岁那年，突然出了天花，经过医生抢救，虽然保住了生命，可他的两只眼睛却不幸失去了光明，从此他再也看不见书，看不到世间的一切了。

起初，唐汝询非常伤心，觉得这样活着，生不如死。可是过了一段时间，他逐渐安定下来了。心想，天下无难事，只怕不立志，只要刻苦学习，就一定能学到知识。于是他每天摸到书房里去，用心听几个哥哥读书吟诗，并把听到的文章和诗歌一字一句地牢牢记在心里。

一个双目失明的人，要想记住许多文章和诗歌，自然是十分困难的事。他费尽心机死记硬背，同时也想出了一些办法帮助记忆。他仿照古时候人们使用过的结绳记事法，用几根粗细不一的绳子，在上面打上各种各样的结，把整篇文章和诗歌记录下来。有时，他用刀子在木板或竹竿上刻出各种各样的刀痕，用来记录文章和诗歌。当几个哥哥出去玩耍，没人念书给他听的时候，他就摸着绳结和刀痕，大声地朗读起来。

因为唐汝询肯用功，虽然双目失明，读的书却不比几个哥哥少，成绩也不比他们差。后来，他不但读了许多书，而且学着作诗。他作诗的时候，如果有人在身边帮忙，就大声把诗句念出来，叫人帮他写在纸上；如果没人帮忙，就依旧用结绳和刻刀痕的办法把诗记下来，等有人帮忙的时候，再把它翻译成文字，请人写在纸上。

由于唐汝询刻苦读书，所以取得了可喜的成绩，他一生写下了上千首好诗，出了好几本诗集，如《编蓬集》、《姑蔑集》等。同时，还给一些深奥的唐诗做了注解，书名为《唐诗解》。这是他刻苦自励，不为双目失明而放弃学习，笃志读书，克服重重困难而取得的成就。

王贞仪才华胜丈夫

天才只意味着终身不懈的努力。

——《门捷列夫》

王贞仪，清代天文学家，字德卿，江宁（今江苏南京市）人。她是我国科技史上的一颗明珠。

王贞仪出身于封建士大夫家庭。父母对她非常喜爱而又管教甚严，使她从小就养成了酷爱学习的习惯。她学习不仅有钻劲，而且有韧劲，碰到什么问题，不弄懂弄通决不罢休。她虽身居闺阁，却胸怀宽广，壮志凌云，严以律己，刻苦治学。

在她10岁的时候，王贞仪就对天文学发生了浓厚的兴趣。她不顾夏日炎炎的酷暑，或北风呼呼的严寒，坚持观察天象，考察风云流动、星座变幻、气温升降以及湿度高低。由于长年观测，她积累了许多第一手的天文资料，取得了丰富的气象知识，较系统地掌握了四季气候变化的规律。对某些地区，特别是她家乡地区的气象预测，其准确率达到惊人的程度。

王贞仪既注重书本理论，又很注重实践活动。有时，为了验证书本中的理论，她在自己的家里，因陋就简地创造条件，进行一项又一项科学实验活动。为了验证望月和月蚀的关系，对月蚀作出正确的解释，她反复实验，常在农历十五日的晚上，在花园亭子间的正中放一圆桌当地球，在亭中梁上用绳子垂系一盏水晶灯当太阳，在桌旁放上大圆镜当月亮，一次又一次摆置、挪动、转移三者的方位，一次又一次地仰望明月星汉，焦思苦虑，反复琢磨，终于写出了很有价值的天文论著《月蚀解》。

特别可贵的是，王贞仪还提出，地球所处的位置是在四面皆天的空间，地球上任何地方的任何人所站的都是地，头顶的都是天。对宇宙空间来说，没有上、下、正、偏的区别。王贞仪的这个相对空间的理论，在当时是一个很有价值的科学发现，澄清了人们对地球的错误认识。

“人生学何穷，当知寸阴宝”。这是王贞仪的治学经验之谈。她随着父亲工作的迁徙，走遍大江南北，塞外关内。在旅途跋涉中，她也从不放松学习和考察。她曾写下了“足行万里书万卷，尝拟雄心胜丈夫”的著名诗句。但是，在“往往论学术，断不重女子”的封建社会里，她的凌云壮志和真才实学却毫无展的机会。

王贞仪善诗会画，才华出众，除天文、气象外，对地理、数学和医学等多方面均有研究。她只活了29岁，在短短的一生中，却写下了包括文、赋、诗、词各种文体的文学著作《德风亭集》20卷，以及《星象图释》、《筹算易知》、《历算简存》等10多种科学论著。她还对别人的一些天文论著提出新的见解。不幸的是，她的科学成就当时没有受到人们的重视，甚至连她的亲属也不能了解她。王贞仪临终时，只得把自己的书稿转交给一位女友保藏。

立志为国的詹天佑

先天下之忧而忧，后天下之乐而乐。

——范仲淹

詹天佑（1861—1919），安徽婺源人。他是我国近代科技界先驱，杰出的铁道工程师。

詹天佑出生在广东省南海县一个普通的茶商家庭，靠父亲詹兴洪的茶叶生意维持一家人的生计，但小买卖做得却并不是很顺利。在詹天佑出生之后，母亲陈氏便焚香祈祷老天保佑孩子健康成长，于是夫妻俩便给孩子起名叫为“天佑”。

1869 年，8 岁的詹天佑被家人送进了南海县一所私塾读书。他天资聪慧，求知欲望强，但当时的那些“四书”、“五经”等陈腐教材并不能使他满足，因为他最感兴趣的是工程、机械等一类的新知识。在他小时候，家里有一座闹钟。有一天，小天佑一边观察它的走动一边想：为什么闹钟能滴嗒滴嗒走个不停？为什么它能按时响铃呢？小天佑决心弄个明白。

有一天，小天佑趁家里大人不在，便悄悄地把闹钟零件一个个地拆开，认真地琢磨零件的性能及其相互关系，然后又一个个地按原样组装起来，终于弄清了闹钟的构造和原理。

1871 年，清政府派中国第一个毕业于美国耶鲁大学的留学生容闳负责筹办幼童出洋预备班。11 岁的詹天佑听说这一消息后，恳求父母让他去。但由于家庭困难，父母正为孩子不能去广州求学叹息，一听说留学生是官费，才同意了孩子的请求。詹天佑从小勤奋学习，知识渊博，在选拔考试中成绩优异，名列前茅，所以便顺利地被录取为第一批出国留学的预备生。

1872年8月，第一批留洋学生共30人登程出国了。12岁的詹天佑第一次乘坐轮船和火车，他对这些新奇玩艺着了迷。可当他想到当时为何中国制造不了这些东西时，心里便隐隐感到一种羞辱。“今后中国也要有火车轮船！”富国强兵的理想激励着少年詹天佑立志发奋求学。

詹天佑到达美国后，为了尽快掌握英语，他和同学们便被分散居住在美国市民的家里。由于詹天佑学习刻苦，所以他的英语进步很快。第二年，当他的英语能达到直接听课程度时，便考进了西海文小学。“学习，是为了救国！”年幼早熟的詹天佑在树立下这样的决心之后便更加用功读书，后来不到三年，詹天佑就小学毕业了。1876年，他以优异成绩考进了纽海文中学。

自小就十分热爱自然科学的詹天佑进入中学后，尤其喜好数学、物理、化学等课程。课堂上．他认真注意听讲；课后，他广泛阅读参考书籍和科学知识读物，扩大自己的知识面。此外，他还主动找老师出些参考习题进行演算。他的数学成绩优异，数学教师诺索卜夫人见詹天佑学习刻苦并且十分上进，便特别器重他，鼓励他努力学习，将来做一名科学家。

1878年，詹天佑以优异的成绩中学毕业。但他从未忘记自己的誓言，接着便考上了美国著名的耶鲁大学土木工程系，专攻铁路工程专业。在他四年的大学生涯中，詹天佑刻苦钻研，起早贪晚，每天把全部精力都用在学习上。在大学毕业考试中，他的数学成绩得了第一名，学校颁发了奖状。而后，他的毕业论文《码头起重机的研究》也得到教授的很高评价，从而顺利获得了学士学位。

詹天佑12岁远涉重洋到美国留学．从小学开始，一直读到大学毕业，共10年之久。事实表明，这也是他为建设中国而发奋学习的10年。

1881年7月，詹天佑踏上了归国的路途。他怀着为中国人争气的雄心壮志，担任中国人自修的第一条铁路——京张铁路的总指挥，从动工到通车只用了4年时间，比原计划提前2年完工，还节约了28万两白银，在中国铁路史上写下了光辉的一章。

童第周立志求学

> 青年人治学，要注意把知识面搞得宽一点。
>
> ——苏步青

童第周是我国著名的生物学家。他出生在浙江勤县一个偏僻的山村里。因为家里穷，他一面帮家里做农活，一面跟父亲念点儿书。

童第周慢慢长大了，他的几个哥哥深明大义，将小童第周送入了可供食宿的浙江第四师范学校读书。

童第周的大哥希望童第周努力学习，将来有出息，回家乡帮助哥哥办学。已经开阔眼界的小童第周此时心中已有另一番高远的志向，要进当时省内名望极高的宁波效实中学读书。大哥为小弟有志向感到高兴，又为小弟感到担心。小童第周坚决地告诉哥哥们："我一定能考上效实中学！"小童第周一丝不苟地进行备考，一家人也全都动员起来支持他。善良的老母亲经常在半夜时分悄悄起床，隔着窗户静静地注视着儿子房间的烛光……

小童第周终于考取了效实中学，成为三年级的插班生，可是他的成绩全班倒数第一，受到了同学们的嘲笑。面对成绩单，小童第周流下了伤心的泪水，暗暗发誓，一定要努力学习，争取考第一。

一天深夜，教数学的班主任陈老师办完事情回到学校，发现在昏黄的路灯下有个瘦小的身影在晃动，陈老师想："深更半夜的，谁还不回寝室就寝呢？"陈老师带着疑问走过去一看，原来是童第周正在借着路灯灯光演算习题。"这么晚了你怎么还不回寝室休息呢？""陈老师，我要抓紧时间把功课赶上去，我不要倒数第一名。"陈老师望着童第周瘦小的身躯，关心地劝童第周回去休息，可是走出不远，童第周又站在路灯下捧着书本读了起来。陈老师被深深地感动了，他深深地理解童第周的志气，为自己有这样的学生感到自豪。

期末考试到了，童第周又成了全校关注的对象。他终于靠自己刻苦的努力，使各科平均成绩都达到了70分，其中几何得了满分，引起了全校的轰动。

在自己的努力和老师的关心下，到高三期末考试，他的总成绩名列全班第一。校长陈夏常无限感慨地说：“我当了多年校长，从来没有看到过进步这么快的学生！”

后来，童第周回忆自己童年的时候，感慨地说：“在效实的两个‘第一’，对我一生有很大影响。那件事使我知道自己并不比别人笨，别人能做到的，我经过努力也一定能做到。世上没有天才，天才是用劳动换来的。”

1924年7月，童第周在哥哥的支持下，考入复旦大学，从此，他开始了追求科学、献身事业的漫漫求索之路……

钱三强为圆梦而苦攻英语

> 聪明在于学习，天才在于积累。
>
> ——华罗庚

钱三强（1913—1992），汉族，浙江湖州人，中国原子能事业的主要奠基人，被誉为“中国原子能科学之父”、“中国两弹之父”。钱三强的父亲是北京大学国文系的教授。他从小就受到家庭的熏陶，很喜欢读书。

上中学后，有一天，他偶然得到了孙中山先生写的两本小书，一本是《三民主义》，一本是《建国方略》。《建国方略》里讲，要把黑暗、落后的旧中国建设成繁荣、昌盛的新中国，并勾画了一幅中国光明、美好的图景。这两本书深深地打动了他的心，他立志要学习科学，为祖国走向富强贡献力量。

当天晚上，钱三强找到父亲，郑重其事地说："我准备学工科!"父亲很支持儿子的志愿，问他准备怎么学，他回答说："我准备考南洋大学。"南洋大学，就是后来的上海交通大学。父亲又问："南洋大学教师讲课一律用英文，你现在学的是法文，怎么考啊?"这一问，可把钱三强难住了。他找到几个同学商量了一番，终于想出了一个好办法。过了几天，他又找到父亲说："我们几个同学商量好，先考北大预科，然后再考南洋大学。"父亲说："北大预科入学考试就考英文，你还是不成呀?"钱三强决心说服父亲，他出主意说："我们听说，预科最重视的是数理化几门基本课程，至于英语的入学考试嘛，您跟主考部门说说，先考我们的法语，入学后，我们再补学英语，保证考上去，不然，就留我们的级。"

经过学校的同意，准许钱三强和另外两个同学考试法语，结果，他们以优异的成绩被录取了。

入学后的第一节课，课桌上放的就是英语课本，教师讲的是英语，同学们回答问题用的也是英语。钱三强突击了几天，掌握了一些英语单词，勉强能听懂几句。但是，往往是上句还没听懂，下句就接踵而至了。一堂课下来，老师究竟讲了些什么，他糊里糊涂，弄不清楚。

是继续学下去，还是半途而废?钱三强想起自己在入学前所作的保证。他对父亲说："不用为我担心，半年之内，我一定争取英语及格。"

钱三强说到的，他就决心做到。他抽出更多的时间攻读英语，终日抱着英汉词典，反复翻阅着；他的笔记本上，抄满了密密麻麻的英文；就连走路，他也用来背诵英语单词。在那段日子里，他从早到晚，想的、说的、写的，都是英语单词。

暑去寒来，半年过去了。这一天，又举行英语考试，钱三强的成绩及格了，而且超出班里一些一直学英语的同学。当他把英语考试卷送给父亲看的时候，父亲满意地笑了。

这只是钱三强攻读英语的一个小故事。后来，他考入清华大学物理系，毕业后到法国巴黎大学镭学研究所留学，在约里奥·居里夫妇即小居里夫妇的指导下，他首先发现了核裂变的“三分裂”现象。他将这项重大的研究成果分别用法文和英文写成长篇论文，同时在法国和英国发表了，引起国际物理界的高度重视。

小居里夫妇欣喜地说：“这项研究成果，是第二次世界大战以来我们研究所所取得的最大成果之一。”

当钱三强决心返回祖国的时候，小居里夫妇又在他的鉴定书上写道：“我们可以毫不夸大地说，近十年来，在我们指导下的这一代科研人员中，钱三强是最优秀的！”